Ferienwohnungen und Ferienhäuser im Inland

Stefan Horn

Akademische Arbeitsgemeinschaft | Mannheim

Postfach 10 01 61 · 68001 Mannheim
Telefon 0621/8626262
Telefax 0621/8626263
www.akademische.de

24. Auflage

Stand: Juni 2023

Zum Zwecke der besseren Lesbarkeit verwenden wir allgemein die grammatisch männliche Form. Selbstverständlich meinen wir aber bei Personenbezeichnungen immer alle Menschen unabhängig von ihrer jeweiligen geschlechtlichen Identität.

Redaktion: Dr. Torsten Hahn, Benedikt Naglik, Kim Haberstroh

Geschäftsführer: Christoph Schmidt, Stefan Wahle

Layout und Umschlaggestaltung: futurweiss kommunikationen, Wiesbaden

Bildquelle: © Ralf Gosch – Fotolia.com

Printed in Poland

ISBN 978-3-96533-333-8

Vorwort

Liebe Leserin, lieber Leser,

wer träumt nicht von der Wohnung oder dem Haus in einem Ferienparadies? Die Motive für ihren Erwerb sind höchst unterschiedlich: Ein solches Objekt kann als Geldanlage oder späterer Altersruhesitz dienen, oder einfach nur dazu, an einem schönen Platz preiswert Urlaub zu machen. Aber bedenken Sie: Die **Art der Nutzung** entscheidet darüber, ob Ihre Ferienwohnung vom Finanzamt gefördert wird oder nicht.

Wer die Wohnung **ausschließlich selbst nutzt,** hat nur einen einzigen steuerlichen Vorteil: Er kann den Abzugsbetrag für **haushaltsnahe Hilfen** nutzen. Mehr dazu lesen Sie im Kapitel »Haushaltsnahe Hilfen und Handwerkerleistungen«.

Wer dagegen **ausschließlich oder zeitweise** an andere Urlauber **vermietet,** kann damit nicht nur Geld verdienen, sondern kann auch Steuern sparen. Mehr dazu lesen Sie in dem Kapitel »Die ausschließlich vermietete Ferienwohnung«.

Viele Eigentümer nutzen ihre Ferienwohnung gemischt, das heißt, sie vermieten zeitweise und nutzen die Immobilie zeitweise selbst. Wenn die Zeit, in der die **Wohnung leer steht,** zur Vermietung gerechnet wird, können Sie in beträchtlichem Umfang Steuern sparen. Aber auch wenn die Selbstnutzung im Vordergrund steht, gibt es für Ihre Ferienwohnung Geld vom Finanzamt, wenn Sie bestimmte Voraussetzungen erfüllen. Weitere Einzelheiten zur gemischt genutzten Ferienwohnung erfahren Sie in dem Kapitel »Die gemischt genutzte Ferienwohnung«.

Soweit Sie Ihre Ferienwohnung vermieten, gibt es zwei **Sonderprobleme,** die bei der Vermietung einer »normalen« Wohnung nur selten auftreten:

- Während bei einer Dauervermietung an fremde Dritte zu Wohnzwecken grundsätzlich immer nur Einkünfte aus Vermietung erzielt werden, können bei der Vermietung an ständig wechselnde Feriengäste in bestimmten Fällen auch **Einkünfte aus Gewerbebetrieb** vorliegen. Weitere Einzelheiten hierzu finden Sie in dem Kapitel »Ausnahme: Sie erzielen gewerbliche Einkünfte«.
- Die zweite Besonderheit betrifft diejenigen Steuerpflichtigen, die ihre Ferienwohnung
  - nur an Feriengäste vermieten oder
  - an Feriengäste vermieten und auch selbst nutzen wollen

  und für einen längeren Zeitraum **Verluste** erzielen. Steuerlich werden solche Verluste nämlich nur dann endgültig anerkannt, wenn Sie auf Dauer einen Überschuss der Mieteinnahmen über die Werbungskosten erzielen (Einkunftserzielungsabsicht). Ansonsten geht das Finanzamt von steuerlicher **»Liebhaberei«** aus. Konsequenz: Ihre Verluste sind dann nicht abziehbar. Aber auch in diesem Punkt lassen wir Sie nicht alleine: Wir sagen Ihnen in dem Kapitel »Wie Sie bei Verlusten ›Liebhaberei‹ vermeiden«, wie Sie dem Finanzamt Ihre **Einkunftserzielungsabsicht** vorrechnen.

Apropos: Wenn wir im Folgenden immer nur von Ferienwohnungen sprechen, dann verstehen wir darunter die verschiedensten Arten von Immobilien, also zum Beispiel auch Ferienhäuser, Wochenendhäuser und -wohnungen. Alle diese Formen der Zweitwohnungen werden steuerlich gleich behandelt.

Mit den besten Grüßen

Ihre »Steuertipps«-Redaktion

Inhalt

1 Die ausschließlich vermietete Ferienwohnung

1.1 Einkunftserzielungsabsicht – der Schlüssel zum vollen Werbungskostenabzug

Eine Ferienwohnung steht naturgemäß mehrere Wochen oder Monate im Jahr leer. Mieteinnahmen gehen in dieser Zeit nicht ein, die Aufwendungen für die Wohnung laufen aber weiter. Deshalb werden für die Anerkennung aller Werbungskosten hohe Anforderungen gestellt. Nutzen Sie die Ferienwohnung auch selbst, müssen Sie die Werbungskosten aufteilen.

Wenn Sie Ihre Ferienwohnung ausschließlich an wechselnde Feriengäste vermieten und in der übrigen Zeit hierfür dauerhaft bereithalten, geht die Finanzverwaltung grundsätzlich davon aus, dass Sie mit der Vermietung einen Überschuss erzielen wollen. Das gilt unabhängig davon, ob Sie Ihre Ferienwohnung in Eigenregie oder mithilfe eines Vermittlers vermieten. Sie müssen dem Finanzamt nur plausibel machen, dass einer der im BMF-Schreiben vom 8.10.2004 genannten vier Fälle, die wir zwei Absätze weiter unten darstellen, auf Sie zutrifft.

Erkennt das Finanzamt die **ausschließliche Vermietung** an, können Sie von Ihren Mieteinnahmen **alle Aufwendungen** als Werbungskosten abziehen, die mit Ihrer Ferienwohnung zusammenhängen (Schuldzinsen, Reparaturkosten, Abschreibungen usw.). Das bedeutet: Sie können Ihre Werbungskosten nicht nur anteilig für die Zeit der Vermietung, sondern in voller Höhe geltend machen. Auch für die Zeiten, in denen gar **keine Mieteinnahmen** fließen, ist ein Werbungskostenabzug möglich.

1.1.1 Wann Sie auf jeden Fall ausschließlich vermieten

In den folgenden vier Fällen unterstellt das BMF-Schreiben vom 8.10.2004 eine ausschließliche Vermietung Ihrer Ferienwohnung und damit **Einkunftserzielungsabsicht:**

- Sie haben die Entscheidung über die Vermietung Ihrer Ferienwohnung einem Vermittler übertragen (z.B. überregionaler Reiseveranstalter, Kurverwaltung, Appartementverwaltung) und eine **Selbstnutzung** für das ganze Jahr **vertraglich ausgeschlossen.**
- Ihre Ferienwohnung befindet sich in Ihrem ansonsten **selbst genutzten Zwei- oder Mehrfamilienhaus** oder in **unmittelbarer Nähe** zur eigenen selbst genutzten Immobilie. Voraussetzung in beiden Fällen: Ihre selbst genutzte Wohnung ist groß genug für Ihre Wohnbedürfnisse und bietet die Möglichkeit zur Unterbringung von Gästen.

  Von unmittelbarer Nähe geht das Finanzamt aus, wenn sich die Hauptwohnung und die Ferienwohnung in derselben Stadt bzw. Gemeinde befinden.
- Sie haben am Ferienort **zwei oder mehr Ferienwohnungen** und nutzen nur eine selbst.

  Davon geht die Finanzverwaltung aus, wenn beispielsweise Ausstattung und Größe einer der Ferienwohnungen auf Ihre besonderen Bedürfnisse zugeschnitten ist. Die Leerstandszeiten der anderen Ferienwohnung(en) werden in diesem Fall als Vermietungszeiten anerkannt (Verfügung der OFD Niedersachsen vom 18.6.2010, Az. S 2254–52–St 233/St 234).
- Die Dauer der Vermietung der Ferienwohnung entspricht der **am Ferienort üblichen Anzahl der Vermietungstage.**

  Oft finden Sie öffentliche Aufzeichnungen über die üblichen Vermietungszeiten. Diese bekommen Sie zum Beispiel beim örtlichen Tourismusverband. Nicht immer sind alle Erhebungen zur Vermietung von Ferienwohnungen direkt zugänglich. Bei den Statistischen Landesämtern gibt es weitere Erhebungen, die zum Teil genauer sind. So auch in einem Fall in Mecklenburg-Vorpommern.

Während das Finanzamt über eine allgemeine Übernachtungsstatistik eine zu geringe Auslastung ermittelte, konnte der Steuerpflichtige eine **genauere Aufstellung des Statistischen Landesamtes** vorlegen, nach der die Auslastung von 75 % erreicht war. Diese Statistik war allerdings nicht öffentlich zugänglich, weshalb das Finanzamt ihre Anwendung ablehnte. Der Bundesfinanzhof sah die Angelegenheit anders: Eine von einer öffentlichen Behörde erhobene Statistik kann auch dann herangezogen werden, wenn sie **nicht öffentlich**, aber dennoch **auf Nachfrage jedem zugänglich** ist (BFH-Urteil vom 26.5.2020, IX R 33/19, BStBl. 2020 II S. 548).

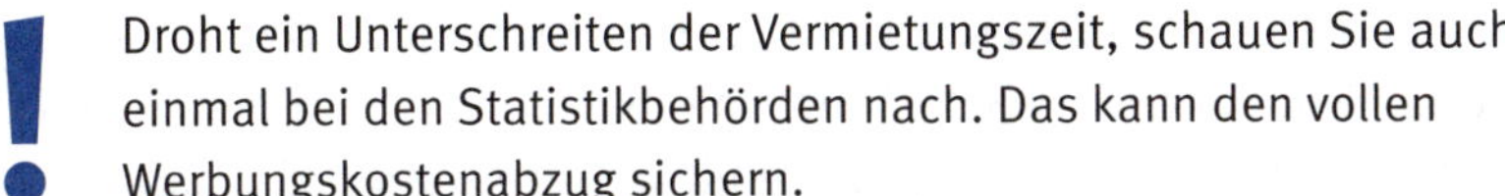

Droht ein Unterschreiten der Vermietungszeit, schauen Sie auch einmal bei den Statistikbehörden nach. Das kann den vollen Werbungskostenabzug sichern.

Die Ferienwohnung wird in der (regional unterschiedlichen) Saison nahezu **durchgängig vermietet** mit Ausnahme eines **kurzzeitigen Leerstands.** »Saison« umfasst nicht nur die Hochsaison im Sommer, sondern auch die Zeiten der Nebensaison. Um eine Selbstnutzung auszuschließen, sollte die Immobilie mindestens von März bis Oktober und zusätzlich zwischen Weihnachten und dem Jahreswechsel durchgängig vermietet sein (Verfügung der OFD Niedersachsen vom 18.6.2010, Az. S 2254–52–St 233/St 234).

Wichtig: Für eine ausschließliche Vermietung reicht es aus, wenn **einer der genannten Fälle** vorliegt.

In diesen vier Fällen werden die Zeiten des **Leerstehens** der Ferienwohnung zur **Vermietung** gerechnet. Daher sind die **gesamten** Aufwendungen für die Ferienwohnung auch für die Zeit des Leerstehens als **Werbungskosten** aus Vermietung absetzbar. Sie brauchen Ihre Einkunftserzielungsabsicht nicht dem Finanzamt nachzuweisen.

Ausnahme: Die Ferienwohnung wurde zwar ausschließlich an Feriengäste **vermietet,** war aber zu **weniger als 75 %** der ortsüblichen Vermietungstage belegt. Konsequenz: In diesem Fall müssen Sie die Einkunftserzielungsabsicht durch eine **Überschussprognose** nachweisen, wenn Sie keine objektiv nachvollziehbaren Gründe für die geringe Vermietungsdauer nennen können.

Kurzfristige Aufenthalte des Steuerpflichtigen in der Ferienwohnung gelten nicht als Selbstnutzung, wenn sie einem der folgenden Zwecke dienen: Wartungsarbeiten, Schlüsselübergabe an Feriengäste, Reinigung bei Mieterwechsel, allgemeine Kontrolle, Beseitigung von durch Mieter verursachten Schäden, Durchführung von Schönheitsreparaturen oder Teilnahme an Eigentümerversammlungen. Ihr Vorteil: Die ausschließliche Vermietung und damit der **volle Werbungskostenabzug** sind in den genannten Fällen **nicht gefährdet.**

Ebenfalls eine Überschussprognose müssen Sie erstellen, wenn Sie Ihr Ferienobjekt in einem **Teil des Jahres** (z.B. während der Wintersaison) gar nicht nutzen und damit auch nicht zur Vermietung bereithalten (BFH-Urteil vom 28.10.2009, IX R 30/08, BFH/NV 2010 S. 850).

1.1.2 Wann Sie die ausschließliche Vermietung nachweisen müssen

Wenn Sie dem Finanzamt nicht einen der oben genannten vier Fälle plausibel machen können, wird es schwieriger: Sie müssen die ausschließliche Vermietung **nachweisen.** Versuchen Sie dazu, mit Ihrer Vermietung die am Ferienort übliche Auslastung zu erreichen und weisen Sie die vermietete Zeit nach

- durch ausgestellte **Rechnungen für die vermietete Zeit** oder
- durch Zahlungsbelege für die gezahlte **Kurtaxe.**

Bei wenigen Vermietungstagen zum Beispiel in den ersten Jahren nach Anschaffung sollten Sie Ihre **Vermietungsabsicht** deutlich machen

- durch Aufnahme der Ferienwohnung in das **Gastgeberverzeichnis,**
- durch das Schalten von **Zeitungsinseraten** oder
- durch das Anbieten der Ferienwohnung im **Internet.**

Erklären Sie gegebenenfalls auch, warum eine vom Finanzamt eventuell unterstellte Selbstnutzung für Sie nicht infrage kam (z.B. wegen Urlaubs am Mittelmeer oder sonstiger Aktivitäten und Verpflichtungen).

1.2 Zu selten vermietet: Es »droht« die Überschussprognose

1.2.1 Maßstab ist die ortsübliche Vermietungszeit

Auch wenn Sie eine Ferienwohnung ausschließlich an wechselnde Feriengäste vermieten, überprüft das Finanzamt in bestimmten Fällen Ihre Einkunftserzielungsabsicht: Und zwar, wenn Sie die ortsübliche Vermietungszeit um mindestens **25 % unterschreiten** und dafür **keine besonderen Gründe** vorliegen (BFH-Urteil vom 26.10.2004, IX R 57/02, BStBl. 2005 II S. 388). Ob das Finanzamt eine **Überschussprognose** von Ihnen verlangt, hängt von den Gründen für die unterdurchschnittliche Vermietung ab:

- Bei zu geringer Vermietungsdauer sollten Sie **objektiv nachvollziehbare Gründe** nennen können, etwa dass die Wohnung wegen Instandsetzungs- oder Modernisierungsarbeiten länger unbenutzbar war (BFH-Beschluss vom 14.1.2010, IX B 146/09, BFH/NV 2010 S. 869). **Nicht** als Grund **akzeptiert** wird dagegen die allgemein schlechte Vermietbarkeit am Ferienort (BFH-Urteil vom 29.8.2007, IX R 48/06, BFH/NV 2008 S. 34).

  Wichtig: Wer solche **plausiblen Gründe** vorbringt, muss wie bisher die Einkunftserzielungsabsicht **nicht** nachweisen. Ebenfalls ist kein Nachweis erforderlich, wenn Sie die ortsübliche Vermietungszeit um **weniger als 25 % unterschreiten.**

- Wer dagegen zu wenig vermietet, weil er sich nur **unzureichend um Mieter bemüht** hat, etwa bei Vermietung in eigener Regie zu wenig Zeitungsanzeigen geschaltet hat, muss seine Einkunftserzielungsabsicht mittels einer Überschussprognose nachweisen.

  Wichtig: Das gilt nur für Ferienwohnungen, die **ausschließlich vermietet,** also nicht teilweise selbst genutzt werden. Bei Letzteren kommt es nach Aufteilung der Leerstandszeiten ohnehin zu einer Prognose.

Als Vermieter sollten Sie alles daransetzen, die am Ferienort **saisonübliche Vermietungsdauer** zu erreichen. Nur dann haben Sie »Ruhe vor dem Finanzamt«. Denn bei einer zu geringen Anzahl an Vermietungstagen unterstellt Ihnen das Finanzamt auch eine zeitweise Selbstnutzung oder unentgeltliche Überlassung etwa an Angehörige. Sie müssten dann Ihre ausschließliche Vermietungsabsicht schlüssig darlegen und Ihre Vermietungsbemühungen nachweisen, zum Beispiel durch Zeitungsinserate und andere Werbemaßnahmen.

Wenn Sie dadurch die ortsübliche Vermietungsdauer letztendlich erreichen, ist die Einkunftserzielungsabsicht auch dann gegeben, wenn sich beispielsweise wegen zusätzlicher Werbeanstrengungen die Verluste erhöhen.

Die **Zahl der ortsüblichen Vermietungstage** können Sie meistens durch eine schriftliche Anfrage beim örtlichen Tourismusbeauftragten ermitteln.

Allerdings dürfen Sie die erforderliche Zahl der Vermietungstage nicht mithilfe zu niedriger Mieten erreichen. Denn auch für Ferienhäuser gelten die allgemeinen Regeln zur **verbilligten Vermietung.** Das bedeutet: Beträgt die Miete ab 2021 weniger als 50 % (bis Ende 2020: 66 %) der üblichen Miete am Urlaubsort, kann die Vermietung in einen entgeltlichen und einen unentgeltlichen Teil aufgeteilt werden. Konsequenz: Wenn Sie nur eine Miete von zum Beispiel 40 % der ortsüblichen Miete verlangen, können Sie auch nur 40 % der Werbungskosten abziehen. Die übrigen 60 % werden steuerlich nicht berücksichtigt, sind also »verloren«. Das gilt auch, wenn Sie die Wohnung ab 2021 zu einem geringeren Mietpreis als 50 % (bis Ende 2020: 66 %) an Angehörige vermieten.

Ab 2021 gilt: Liegt die vereinbarte Miete zwischen 50 % und 66 % der Marktmiete, prüft das Finanzamt Ihre Absicht, Einkünfte erzielen zu wollen, anhand einer Totalüberschussprognose. Ist diese negativ, sind die Werbungskosten nur anteilig abziehbar. Bei einer positiven Prognose können Sie die Kosten dagegen voll absetzen.

1.2.2 So bestimmen Sie die ortsübliche Vermietungszeit

Der Begriff »ortsüblich« bedeutet, dass die individuellen Vermietungszeiten jeder einzelnen Ferienwohnung mit den Zeiten zu vergleichen sind, die bezogen auf den **gesamten Ort** im Durchschnitt erzielt werden. Nicht maßgeblich sind dagegen die Vermietungszeiten in einem einzelnen Gebäudekomplex (BFH-Urteil vom 24.6.2008, IX R 12/07, BFH/NV 2008 S. 1484).

Der **Begriff »Ort«** ist nicht zwingend identisch mit dem Gebiet einer Gemeinde. Er kann – je nach der Struktur des Ferienwohnungsmarktes – mehrere vergleichbare Gemeinden oder nur den Teil einer Gemeinde umfassen (BFH-Urteil vom 19.8.2008, IX R 39/07, BStBl. 2009 II S. 138).

In dem Verfahren IX R 12/07 ging es um ein Doppelhaus mit vier Ferienwohnungen, die an wechselnde Feriengäste vermietet wurden. Drei der Objekte waren zwischen 42 % und knapp 60 % belegt. Nur bei einer Wohnung lag die durchschnittliche **Vermietungszeit extrem niedrig:** Über einen Zeitraum von vier Jahren stand dieses Objekt zwischen 80 % und 90 % leer.

Die Richter verlangten daraufhin für diese Wohnung eine **Überschussprognose,** weil die ortsübliche Vermietungszeit um mehr als 25 % unterschritten war. Da diese Prognose nicht zu einem langfristigen Überschuss führte, strich das Finanzamt die Verluste für diese Wohnung – zu Recht, so der BFH.

1.2.3 Wer muss die ortsübliche Vermietungszeit nachweisen?

Was passiert mit den Vermietungsverlusten einer Ferienwohnung, wenn sich die ortsübliche Vermietungszeit nicht mehr zuverlässig oder gar nicht mehr ermitteln lässt? Die Antwort des BFH: Dann müssen Sie als **Eigentümer** die ortsüblichen Vermietungstage nachweisen. Das kann mithilfe einer **repräsentativen Aufstellung** geschehen, die belegt, dass Sie die ortsübliche Vermietungszeit nicht um mehr als 25 % unterschreiten. Gelingt Ihnen das nicht, müssen Sie eine Überschussprognose erstellen, um Ihre Einkunftserzielungsabsicht nachzuweisen. Diese Absicht ist Voraussetzung für einen Verlustabzug (BFH-Urteil vom 19.8.2008, IX R 39/07, BStBl. 2009 II S. 138 und BFH-Urteil vom 31.1.2017, IX R 23/16, BFH/NV 2017 S. 897).

In dem konkreten Fall waren weder über das Statistische Landesamt noch über das Touristikbüro der Gemeinde ortsübliche Vermietungszeiten feststellbar. Die Vermietungszeit betrug weniger als 100 Tage im Jahr. Anders als die Vorinstanz sieht der Bundesfinanzhof den Vermieter und nicht das Finanzamt in der Pflicht, die ortsüblichen Vermietungszeiten festzustellen.

1.3 Bei ausschließlicher Vermietung: alle Werbungskosten abziehbar

Den uneingeschränkten Werbungskostenabzug erhalten Sie aber nur dann, wenn Sie die Ferienwohnung nicht – auch **nicht** nur in geringem Umfang – **selbst nutzen.** In diesem Fall werden auch die Tage **zur Vermietung gerechnet**, an denen Sie sich kurzfristig in der Wohnung aufhalten

- zu Wartungsarbeiten,
- zur Schlüsselübergabe an Feriengäste,
- zur Reinigung bei Mieterwechsel,
- zur allgemeinen Kontrolle,
- zur Beseitigung von durch Mieter verursachte Schäden,
- zur Durchführung von Schönheitsreparaturen und sonstigen Baumaßnahmen,
- zur Teilnahme an Eigentümerversammlungen.

Von einer Gewinnerzielungsabsicht muss das Finanzamt auch dann ausgehen, wenn Sie die **Selbstnutzung erst nachträglich vollständig ausgeschlossen** haben (FG Köln vom 17.12.2015, 10 K 2322/13, EFG 2016 S. 381). In dem vor dem Finanzgericht Köln verhandelten Fall war die ortsübliche Vermietungszeit überschritten, eine Selbstnutzung war jedoch im ursprünglichen Vermietungsauftrag vorgesehen. Diese Eigennutzungsmöglichkeit war aber kurz nach Vertragsschluss noch durch eine **Zusatzvereinbarung** ausgeschlossen worden.

Wie viel Selbstnutzung ist erlaubt?

Etwas anderes gilt, wenn das Finanzamt erfährt,

- dass Sie in der Ferienwohnung einen Teil Ihrer Ferien verbracht oder sich dort an Wochenenden aufgehalten haben, oder
- das Finanzamt den begründeten Verdacht hat, dass Sie die Wohnung auch selbst nutzen (weil diese z.B. nur für 50 Tage vermietet war und nicht weit von Ihrer Hauptwohnung entfernt ist).

In diesen Fällen können Sie die auf die Ferienwohnung entfallenden Werbungskosten **nur noch anteilig** geltend machen.

Kritisch dürfte es auch sein, wenn zum Beispiel der Familienvater für mehrere Tage mit Renovierungsarbeiten beschäftigt war und gleichzeitig auch die gesamte Familie anwesend war. Dann müssen Sie schlüssig darlegen und ggf. nachweisen, dass Sie den (mehrtägigen) Aufenthalt während der normalen Arbeitszeit vollständig mit Arbeiten für die Wohnung verbracht haben. Dies gilt insbesondere dann, wenn es sich um Aufenthalte **während der** am Ferienort üblichen **Saison** handelt.

Sie sollten dem Finanzamt nachweisen können, was Sie in der Ferienwohnung gemacht haben und dass Sie ganztägig beschäftigt waren. Dabei können Sie die **Arbeitsstunden auflisten** und mithilfe von **Fotos** die vorgenommenen Arbeiten dokumentieren. Andernfalls unterstellt das Finanzamt, dass die Wohnung auch selbst genutzt wurde. **Konsequenz:** Es wird die **Werbungskosten anteilig kürzen.**

1.4 Meist erzielen Sie Vermietungseinkünfte

In den allermeisten Fällen werden Sie aus der Vermietung Ihrer Ferienwohnung – genauso wie bei der Vermietung jeder anderen »normalen« Wohnung – **Einkünfte aus Vermietung** erzielen.

Nur wenn Sie über eine Feriendienstorganisation vermieten oder eine Ferienwohnung in Ihrer Nachbarschaft besitzen und auch viel für die Betreuung Ihrer Gäste tun, erzielen Sie statt Einkünften aus Vermietung möglicherweise **Einkünfte aus Gewerbebetrieb.** Mehr dazu lesen Sie im folgenden Kapitel.

1.5 Ausnahme: Sie erzielen gewerbliche Einkünfte

Ferienwohnungen werden oft als **Kapitalanlage** gekauft und sind dann zur (fast) ausschließlichen Vermietung bestimmt. Häufig befindet sich eine solche Ferienwohnung dann in einer größeren **Wohnanlage,** zum Beispiel in einem Appartement-Hotel. Zumeist werden diese Ferienwohnungen von einer **Feriendienstorganisation** verwaltet und betreut. Aber auch wenn Sie außerhalb einer Ferienwohnanlage an Ihrem Wohnort eine Ferienwohnung vermieten und **über die Vermietung hinaus** viel für die Gästebetreuung tun, kann es Ihnen passieren, dass das Finanzamt Ihnen eine gewerbliche Tätigkeit zurechnet und Einkünfte aus Gewerbebetrieb annimmt.

1.5.1 In diesen Fällen vermieten Sie auf jeden Fall gewerblich

Die Finanzverwaltung geht auch bei Vermietung nur einer Wohnung von einer gewerblichen Tätigkeit aus, wenn **alle** folgenden Voraussetzungen vorliegen (Hinweis 15.7 Abs. 2 EStH; BFH-Beschluss vom 17.3.2009, IV B 52/08, BFH/NV 2009 S. 1114):

- Die Wohnung muss für die Führung eines Haushaltes **voll eingerichtet** sein. Dazu gehört, dass die Wohnung möbliert ist, Geschirr enthält und Wäsche bereitgehalten wird bzw. gemietet werden kann.
- Die Ferienwohnung muss in einem reinen Feriengebiet im Verband mit einer Vielzahl gleichartig genutzter Wohnungen liegen, die eine **einheitliche Wohnanlage** bilden.

- Für diese Wohnanlage muss eine **Feriendienstorganisation** bestehen, die die Werbung für die kurzfristige Vermietung an laufend wechselnde Mieter und auch die Verwaltung der Wohnung durchführt.
- Die Wohnung muss jederzeit zur Vermietung bereitgehalten werden, und es muss **laufend Personal anwesend** sein – wie bei der Rezeption eines Hotels. Das Personal hat die Aufgabe, mit den Feriengästen Mietverträge abzuschließen und abzuwickeln. Und es sorgt dafür, dass die Wohnung in einem Ausstattungs-, Erhaltungs- und Reinigungszustand ist und bleibt, der die sofortige Vermietung zulässt.

Wichtig: Sind diese Voraussetzungen erfüllt, dann bleibt es bei der Einordnung Ihrer Vermietung als gewerbliche Tätigkeit auch in folgendem Fall: Sie dürfen die Ferienwohnung **kurzfristig selbst nutzen,** sind aber bei Ihrer Terminwahl nicht frei und müssen zum Beispiel die geplante Selbstnutzung lange vorher mitteilen (BFH-Urteil vom 19.1.1990, III R 31/87, BStBl. 1990 II S. 383).

1.5.2 Wann darüber hinaus gewerbliche Vermietung vorliegt

Eine gewerbliche Tätigkeit liegt darüber hinaus in diesen Fällen vor (BFH-Urteil vom 14.1.2004, X R 7/02, BFH/NV 2004 S. 945; BFH-Urteil vom 28.6.1984, IV R 150/82, BStBl. 1985 II S. 211):

- Wenn der ständige und schnelle Wechsel der Mieter ein **»hotelmäßiges« Angebot** erfordert, das bei langfristigen Vermietungen nicht notwendig ist (Voraussetzung 1), **oder**
- wenn Sie als Vermieter **Zusatzleistungen** erbringen, die für die Vermietungstätigkeit allein nicht üblich sind und über die bloße Wohnungsüberlassung erheblich hinausgehen (Voraussetzung 2). Ein Indiz hierfür ist, dass sie mit einem erheblichen und regelmäßigen Personaleinsatz verbunden sind (BFH-Beschluss vom 28.9.2010, X B 42/10, BFH/NV 2011 S. 37).

Was bedeutet das konkret?

Liegt zum Beispiel Ihre Ferienwohnung außerhalb einer Ferienwohnanlage oder wird die Wohnung nicht von einer Feriendienstorganisation betreut, kann trotzdem ein Gewerbebetrieb vorliegen, wenn eine der beiden folgenden Bedingungen erfüllt ist:

- **Voraussetzung 1:** Die Ferienwohnung muss auch für kurze Dauer – etwa für weniger als eine Woche – vermietet und deshalb **hotelmäßig bereitgehalten** werden. Dabei sind zwei Aspekte von Bedeutung:
  - Wie solche Ferienwohnungen außerhalb einer Ferienwohnanlage zur jederzeitigen – ggf. tageweisen – Vermietung **bereitgehalten** werden, muss sich aus den nach außen wirkenden Unterlagen und Maßnahmen ergeben. Das sind zum Beispiel der Hausprospekt, die Beschreibung im Zimmernachweis der Gemeinde oder die Hinweistafeln.
  - Von besonderer Bedeutung ist auch, wie oft die Ferienwohnung kurzfristig an wechselnde Mieter vermietet wird (z.B. für ein oder zwei Tage), die **ohne Voranmeldung** anreisen (FG Baden-Württemberg vom 28.9.1998, 14 K 28/97, EFG 1999 S. 165). Wird **kurzfristig vermietet,** kommt es nicht darauf an, ob und in welchem Umfang Zusatzleistungen erbracht werden, wie viele Ferienwohnungen Sie vermieten und wie groß diese sind.
- **Voraussetzung 2:** Wird eine kurzfristige Vermietung nicht nach außen hin dokumentiert, liegt dennoch in folgendem Fall ein **Gewerbebetrieb** vor: Ein Vermieter erbringt Zusatzleistungen, wie sie auch bei der Führung einer **Fremdenpension** erforderlich sind, und diese fallen vom Umfang des Arbeitseinsatzes her ins Gewicht. Solche **Zusatzleistungen** können sein:
  - die Gewährung von Mahlzeiten (wobei bereits das Anrichten eines Frühstücks als eine bei reiner Überlassung von Ferienwohnungen unübliche Leistung gelten kann),
  - das Bereithalten von Getränken (z.B. in Automaten oder Minibars),

- die Versorgung mit Lebensmitteln (z.B. angebotene Einkaufsfahrten oder Brötchenservice),
- die laufende Pflege der Räume und des Blumenschmucks während des Gästeaufenthalts (über die Endreinigung hinaus),
- die Bereithaltung und Pflege eines Gartens zum Aufenthalt oder zur sportlichen Betätigung der Gäste (z.B. Ausstattung mit Liegestühlen oder Sportgeräten),
- die allgemeine und touristische Betreuung der Gäste (z.B. Entgegennahme und Vermittlung von Telefongesprächen, Besorgung von Eintrittskarten, Vermittlung von Ausflugsfahrten, ins Gewicht fallende Beratung bei der Gestaltung des Ferienaufenthalts).

1.5.3 Keine gewerbliche Vermietung bei Standardleistungen

Anders sieht es aus, wenn Sie neben der Übernachtungsmöglichkeit lediglich einige **Standardleistungen** anbieten, wie das auch private Zimmervermieter tun. Es muss also nicht jeder Vermieter, der seinen Gästen auch Frühstück macht, damit rechnen, dass das Finanzamt seine Tätigkeit als Gewerbebetrieb einstuft. Sie vermieten **nicht gewerblich,** wenn Sie

- Wäsche und Inventar bereitstellen,
- nach der Anreise gekühlte Getränke anbieten,
- einen wöchentlichen Wäscheservice organisieren,
- die Wohnung gegen Entgelt vor- oder endreinigen oder wöchentlich zwischenreinigen,
- einen »Morgenservice« mit Brötchen, Milch und Zeitung offerieren,
- das Gepäck bahnreisender Gäste transportieren oder
- touristische Freizeit- und Sportangebote vermitteln.

1.5.4 Welche Konsequenzen hat die Einstufung als Gewerbebetrieb?

Vermietungseinkünfte und gewerbliche Einkünfte werden nach den gleichen Grundsätzen ermittelt. Lediglich die Terminologie ist unterschiedlich: Anstelle von Mieteinnahmen haben Sie beim Gewerbebetrieb Betriebseinnahmen und Ihre Werbungskosten heißen dort Betriebsausgaben. Allerdings gibt es auch einen materiellen Unterschied: Wenn der Gewinn den jährlichen **Freibetrag von 24.500,– €** übersteigt, müssen Sie zusätzlich zur Einkommen- noch **Gewerbesteuer** zahlen. Das dürfte in der Praxis aber nur selten vorkommen.

Außerdem müssen Sie den Gewinn aus dem **Verkauf** Ihrer Ferienwohnung **immer versteuern** – also auch, wenn kein Spekulationsgeschäft vorliegt. Besonderheiten gibt es außerdem bei den **Abschreibungen.**

2 Die gemischt genutzte Ferienwohnung

Nicht jeder möchte eine Ferienwohnung nur an Gäste vermieten. Oft ist es gewünscht, auch selbst ein paar Urlaubstage dort zu verbringen. Damit wird allerdings die steuerliche Behandlung von Einnahmen und Aufwendungen etwas komplizierter. Eine Eigennutzung gehört steuerlich in den Bereich der privaten Lebensführung. Alle damit verbundenen Aufwendungen müssen also bei der Ermittlung der Einkünfte aus der Vermietung herausgerechnet werden.

Das kann für Sie vorteilhaft sein, wenn wegen einer Unterschreitung der ortsüblichen Vermietungszeiten in jedem Fall eine **Überschussprognose** erstellt werden muss. Durch eine teilweise Selbstnutzung werden auch die Werbungskosten nur anteilig in die Überschussprognose aufgenommen und es kann leichter ein steuerlicher Totalüberschuss erreicht werden.

Wird eine Ferienwohnung gemischt genutzt, verlangt das Finanzamt in der Regel eine Überschussprognose zum Nachweis der Einkunftserzielungsabsicht. Bisher hat der Bundesfinanzhof immer eine Überschussprognose verlangt, wenn eine Eigennutzung der Ferienwohnung möglich war. Diese strikte Auslegung hat der Bundesfinanzhof trotz teilweise anderer Ansicht bei den Finanzgerichten beibehalten. 2013 hat der BFH in zwei Revisionsverfahren die Notwendigkeit einer Überschussprognose bestätigt, wenn eine Eigennutzung der Ferienwohnung nicht ausgeschlossen war (BFH-Urteil vom 16.4.2013, IX R 26/11, BStBl. 2013 II S. 613; BFH-Urteil vom 16.4.2013, IX R 22/12, BFH/NV 2013 S. 1552).

2.1 Wie wird die Leerstandszeit konkret aufgeteilt?

2.1.1 Bei Vermietung über einen Vermittler

Ist der Vertrag mit dem Vermittler (z.B. überregionaler Reiseveranstalter, Kurverwaltung, Appartementverwaltung) so abgeschlossen, dass Ihre Selbstnutzung der Ferienwohnung auf eine bestimmte Zeit beschränkt ist, wird der **Leerstand** in der übrigen Zeit in voller Höhe der beabsichtigten **Vermietung zugerechnet.** Nur die vertraglich der Selbstnutzung vorbehaltene Zeit wird nicht zur Vermietung gezählt.

Gemäß Vermittlungsvertrag darf das Ehepaar Müller seine Ferienwohnung nur im Oktober selbst nutzen. Der Vermittler hat im Jahr die Wohnung drei Monate lang vermieten können. Der achtmonatige Leerstand wird der Vermietung zugerechnet, sodass 11/12 der im ganzen Jahr angefallenen Werbungskosten absetzbar sind. Das gilt auch dann, wenn die Müllers im Oktober die Wohnung gar nicht selbst bewohnt haben. Ohne die einmonatige Selbstnutzungsklausel würden die kompletten Werbungskosten steuerlich anerkannt.

Gelingt Ihnen der Nachweis Ihrer Einkunftserzielungsabsicht nicht, können Sie entweder den Vertrag mit dem Vermittler so ändern, dass eine Selbstnutzung jederzeit möglich ist. Oder Sie können künftig in Eigenregie vermieten. Auf diese Weise werden Ihre Werbungskosten geringer und Sie erreichen eher einen Totalüberschuss.

2.1.2 Bei Vermietung in Eigenregie

Können Sie den Umfang der Vermietung Ihrer Ferienwohnung selbst bestimmen und diese auch jederzeit selbst nutzen, werden die **Leerstandszeiten** im Verhältnis der tatsächlichen Selbstnutzung zur tatsächlichen Vermietung **aufgeteilt.**

Das Ehepaar Müller aus dem vorhergehenden Beispiel vermietet nicht über einen Vermittler, sondern in eigener Regie. Dann werden die acht Monate Leerstand im Verhältnis 3:1 (sechs Monate zu zwei Monate) aufgeteilt und der Vermietung nur sechs Monate Leerstand zugerechnet. Damit sind nur 9/12 der Werbungskosten absetzbar.

Die infolge der Vermietung in Eigenregie geringeren absetzbaren Werbungskosten sind für manchen Eigentümer einer Ferienwohnung nur auf den ersten Blick nachteilig. Denn mit geringen Werbungskosten kann der **Nachweis des Totalüberschusses** innerhalb von 30 Jahren dennoch gelingen und die Verluste aus der Ferienwohnung werden nicht gänzlich gestrichen.

2.1.3 Wenn Sie die Zeiten der Selbstnutzung nicht nachweisen

Grundsätzlich müssen Sie dem Finanzamt gegenüber **glaubhaft nachweisen,** an wie vielen Tagen Sie die Ferienwohnung tatsächlich selbst genutzt haben bzw. ob und in welchem Umfang sie vermietet bzw. zur Vermietung angeboten wurde. Führen Sie einen solchen Nachweis nicht, unterstellt das Finanzamt Folgendes: Alle Zeiten, die nicht zur Vermietung gerechnet werden können, entfallen **zu 50 % auf die Vermietung** und zu 50 % auf die Selbstnutzung. Meist ist es für Sie günstiger, wenn Sie die Tage der Selbstnutzung nachweisen können.

Sie haben Ihre Ferienwohnung an der Nordsee im Jahr 01 an 80 Tagen vermietet. Die Zeiten der **Selbstnutzung weisen Sie nicht nach.** In diesem Fall geht das Finanzamt von 80 Tagen Vermietung aus. Die übrigen 365 Tage ./. 80 Tage = 285 Tage werden gleichmäßig der Vermietung und der Selbstnutzung zugerechnet (= 143 Tage Vermietung und 142 Tage Selbstnutzung).

- Zur Vermietung gerechnet werden dann 80 Tage + 143 Tage = 223 Tage und
- zur Selbstnutzung gerechnet werden 142 Tage.

Von den Werbungskosten wären dann 223/365 = 61,1 % abziehbar.

2.1.4 Wenn Sie in der Ferienwohnung übernachten

Bei einer zeitweise vermieteten und zeitweise selbst genutzten Ferienwohnung müssen die Tage **aufgeteilt** werden, an denen Sie in der Ferienwohnung übernachten, um dort bestimmte Arbeiten zu erledigen. Wenn Sie sich also beispielsweise in der Ferienwohnung aufhalten

- zu Wartungsarbeiten,
- zur Schlüsselübergabe an Feriengäste,
- zur Reinigung bei Mieterwechsel,
- zur allgemeinen Kontrolle,
- zur Beseitigung von durch Mieter verursachte Schäden,
- zur Durchführung von Schönheitsreparaturen oder sonstigen Baumaßnahmen oder
- zur Teilnahme an Eigentümerversammlungen,

gilt Folgendes:

- Sind die Aufenthalte eindeutig **durch die Vermietung veranlasst,** werden die Tage der Vermietung zugerechnet. Das gilt zum Beispiel bei Anwesenheiten zur Schlüsselübergabe, zur Endreinigung, zur Beseitigung von durch Mieter verursachte Schäden.
- Haben die Aufenthalte **sowohl mit der Vermietung als auch mit der Selbstnutzung zu tun,** werden die Tage so behandelt wie die Leerstandszeiten. Das bedeutet: Die Übernachtungstage werden anteilig der Vermietung und der Selbstnutzung zugerechnet. Das gilt beispielsweise bei Wartungsarbeiten, Schönheitsreparaturen und der Teilnahme an Eigentümerversammlungen.

Nach Auszug Ihrer Feriengäste »beziehen« Sie selbst mit Ihrer Familie für zehn Tage die Ferienwohnung. Am ersten Tag erfolgt die **Schlüsselübergabe,** die **Abnahme** der Wohnung und Sie nehmen eine **Endreinigung** vor. Bei der Abnahme der Wohnung haben Sie festgestellt, dass das Kind der Feriengäste die Tapeten im Wohnzimmer bemalt hat und das ganze Wohnzimmer neu gestrichen werden muss. Diese Arbeiten verrichten Sie am zweiten Tag. Diese beiden Tage Ihrer »Selbstnutzung« werden der Vermietung zugerechnet. Das bedeutet: Die anteilig auf diese Tage entfallenden Werbungskosten sind als Werbungskosten aus **Vermietung** abziehbar.

In den übrigen acht Tagen verbringen Sie die Vormittage mit den **Schönheitsreparaturen** im Außenbereich. Die Nachmittage verbringen Sie mit Ihrer Familie am Strand. Von diesen acht Tagen werden vier Tage der Selbstnutzung zugerechnet. Für diese Zeit können Sie keine Werbungskosten absetzen. Die acht halben, also vier ganzen Tage, an denen Sie Schönheitsreparaturen vornehmen, werden den **Leerstandszeiten** zugerechnet. Die Kosten für die Schönheitsreparaturen sind zusammen mit den übrigen Werbungskosten anteilig abziehbar.

2.2 Wann die Leerstandszeit zur Vermietung gerechnet wird

Steht die Ferienwohnung leer, dann können Sie trotzdem für diese Zeit alle Werbungskosten geltend machen, wenn in dieser Zeit eine **Selbstnutzung** Ihrerseits **ausgeschlossen** ist. Das ist nur in drei Fällen möglich:

- Im BFH-Urteil vom 21.11.2000, IX R 37/98, BStBl. 2001 II S. 705 und im BFH-Urteil vom 21.11.2000, IX R 69/96, BFH/NV 2001 S. 754 wurden die Werbungskosten sogar für die gesamte Zeit des Leerstehens anerkannt, obwohl die **Ferienwohnung** im Streitjahr nur an 44 bzw. 73 Tagen vermietet war. Ausschlaggebend war: Die **Hauptwohnung** der Kläger befand sich **in dem gleichen Gebäude** wie die Ferienwohnung. Außerdem war die Hauptwohnung für die Wohnbedürfnisse der Familie ausreichend und auch zur Unterbringung etwaiger Gäste geeignet. Es reicht für den vollen Werbungskostenabzug aus, wenn sich die Hauptwohnung zwar nicht im gleichen Gebäude, aber in der **gleichen Stadt oder Gemeinde** befindet.

- Glücklich ist auch, wer an demselben Ort **zwei Ferienwohnungen** besitzt und glaubhaft machen kann, dass er nur die eine selbst nutzt. Davon kann ausgegangen werden, wenn diese eine Wohnung auf die besonderen Verhältnisse des Steuerpflichtigen zugeschnitten ist. Ihr Vorteil: Die gesamten Leerstandszeiten der anderen Ferienwohnung werden der Vermietung zugerechnet (FG Münster vom 30.11.1995, 14 K 1728/94 E, EFG 1996 S. 470 und FG Hamburg vom 11.12.1995, V 87/93, EFG 1996 S. 469).
- Sie können die Vermietung der Ferienwohnung für die Zeit, in der Sie die Wohnung nicht selbst nutzen oder unentgeltlich überlassen, einem **Vermittler** (z.B. einem überregionalen Reiseveranstalter) übertragen. Der Vertrag muss so abgeschlossen sein, dass während dieser Zeit, in der der Vermittler für die Vermietung der Ferienwohnung sorgt, eine Selbstnutzung Ihrerseits ausgeschlossen ist (BFH-Urteil vom 12.9.1995, IX R 117/92, BFH/NV 1996 S. 205).

  Im BFH-Urteil vom 13.8.1996, IX R 48/94, BStBl. 1997 II S. 42 hatte die Eigentümerin für ihr Ferienhaus einen Vermietungsvertrag mit dem Verwalter des Feriendorfes abgeschlossen. Laut Vertrag waren sich beide Parteien über Folgendes einig:
  - Einerseits sollte das Vermietungsrecht der Verwaltung nicht für die Oster-, Pfingst- und Herbstferien gelten.
  - Andererseits war für die Sommerferien eine Selbstnutzung der Eigentümerin ausgeschlossen.
  - Für die übrige Zeit musste die Eigentümerin der Verwaltung die geplante Selbstnutzung **zu Anfang eines jeden Jahres** mitteilen. Sie musste sich quasi anmelden wie ein fremder Mieter. Ob die Eigentümerin die Wohnung aber außerhalb der Oster-, Pfingst- und Herbstferien selbst nutzen durfte, war von der Einwilligung des Verwalters abhängig. Der BFH hat in seinem Urteil die Zeit des Leerstehens zur Vermietung gerechnet, weil die Eigentümerin für diese Zeit **nicht frei** über die Selbstnutzung **entscheiden** konnte.

Allerdings sind solche Regelungen hinsichtlich des Werbungskostenabzugs durchaus riskant und können sehr schnell »kippen«.

In einem vom Finanzgericht Köln entschiedenen Fall stand die Wohnung zwar der Vermittlungsagentur für die Vermietung zur Verfügung. Ausgenommen waren allerdings die rechtzeitig nach Absprache zu regelnden Zeiten der Eigenbelegung. Die Richter interpretierten diese Regelung so, dass der Eigentümer die Ferienwohnung nach vorheriger Anmeldung bei der Agentur auch kurzfristig selbst nutzen konnte, soweit keine Reservierung für fremde Mieter vorlag (FG Köln vom 4.12.2001, 9 K 7433/98).

Unerfreuliche **Konsequenz:** Die **Leerstandszeiten** sind nicht voll, sondern **nur anteilig** der Vermietung zuzurechnen. Das kann sich finanziell erheblich auswirken, wie das Berechnungsbeispiel im Kapitel »Mieteinnahmen und Werbungskosten« zeigt.

Wollen Sie auf Nummer sicher gehen, sollten Sie die Wohnungsvermietung für das ganze Jahr einem Vermittler übertragen. Wenn in dem Vertrag die **Selbstnutzung ausgeschlossen** ist, steht dem vollen Werbungskostenabzug nichts im Wege.

Wollen Sie Ihre Ferienwohnung dennoch **für eine gewisse Zeit selbst nutzen,** sollte diese Zeit genau vertraglich festgelegt werden. Eine darüber hinausgehende Selbstnutzung sollten Sie ausschließen. In diesem Fall werden die Werbungskosten nur für diese Zeiten gekürzt. Es bleibt Ihnen aber immerhin folgender **Vorteil:** Die Leerstandszeiten gelten als Vermietungszeiten, weil die Wohnung für den Rest des Jahres ausschließlich zur Vermietung bereitsteht.

2.3 Mieteinnahmen und Werbungskosten

In Ihrer Steuererklärung geben Sie dem Finanzamt auf einem Beiblatt zur **Anlage V** an, an welchen Tagen die Wohnung zu welchem Preis vermietet war. Bei der erstmaligen Vermietung über einen Vermittler will das Finanzamt zumeist auch den Vertrag mit dem Vermittler sehen. Außerdem will das Finanzamt wissen, an welchen Tagen Sie die Wohnung hätten selbst nutzen können bzw. selbst genutzt haben.

Ihre Werbungskosten sind nur bei Vermietung über einen **Vermittler** auch **für die gesamte Zeit des Leerstehens** abzugsfähig. Lediglich für die Wochen der Selbstnutzung müssen Sie die Werbungskosten anteilig kürzen, die nicht zur Vermietung gerechnet werden können.

Alle Aufwendungen, die unmittelbar durch die Vermietung verursacht werden, sind **in voller Höhe** Werbungskosten. Dazu zählen

- Fahrtkosten zur Schlüsselübergabe,
- Kosten für Endreinigung,
- Reparaturkosten zur Beseitigung von Schäden, die die Mieter verursacht haben (nur Reparaturkosten abzüglich Schadenersatzzahlung des Mieters sind Werbungskosten),
- Kosten für die Aufnahme ins Gastgeberverzeichnis, Prospektkosten, Zeitungsinserate,
- Kosten für den Vermittler.

Alle anderen Aufwendungen müssen Sie **aufteilen** auf die Zeit der Selbstnutzung und der Vermietung. Aufgeteilt werden müssen

- Schuldzinsen,
- Abschreibungen für die Wohnung,
- Abschreibungen für die Einrichtungsgegenstände,
- Haus- und Grundbesitzabgaben,

- Kosten für Erhaltungsarbeiten, Wartungsarbeiten, Schönheitsreparaturen,
- Versicherungsbeiträge,
- Fahrtkosten zur Eigentümerversammlung,
- Zweitwohnungssteuer (BFH-Urteil vom 15.10.2002, IX R 58/01, BStBl. 2003 II S. 287).

Herr Glück aus Bonn besitzt eine Ferienwohnung am Starnberger See, die er über eine Vermittlungsagentur vermietet. Da Herr Glück die Ferienwohnung auch selbst nutzen will, hat er im Vermittlungsvertrag die **Selbstnutzung** ausdrücklich **nicht ausgeschlossen.** Im Jahr 01 wurde die Wohnung an 160 Tagen für 80,– € pro Nacht vermietet und an 30 Tagen selbst genutzt.

Für Reparaturen zur Schadenbeseitigung in der Ferienwohnung sind Kosten von 500,– € entstanden. Sie entfallen **ausschließlich auf die Vermietung.**

Daneben fallen für Abschreibungen, Schuldzinsen und Grundsteuer insgesamt 8.000,– € an, die zwischen Vermietung und Selbstnutzung **aufzuteilen** sind.

Da Herr Glück bei **Leerstand** der Wohnung die Möglichkeit der Selbstnutzung hat, sind die Werbungskosten im Verhältnis der Vermietungstage zur tatsächlichen Gesamtnutzung (= Vermietung + tatsächliche Selbstnutzung) aufzuteilen.

Das bedeutet konkret: Nach Abzug der Selbstnutzungs- und Vermietungstage ergeben sich 175 Tage Leerstand (= 365 Tage ./. 160 Vermietungstage ./. 30 Selbstnutzungstage). Von diesen 175 Leerstandstagen entfallen 147 Tage auf die Vermietungszeit (= 175 Leerstandstage × 160 Vermietungstage/190 Gesamtnutzungstage) und die restlichen 28 Tage auf die Selbstnutzung.

Insgesamt ergibt sich folgende **Aufteilung:**

- **Vermietung:** 160 Tage + 147 Tage = 307 Tage, entspricht 84 %.
- **Selbstnutzung:** 30 Tage + 28 Tage = 58 Tage, entspricht 16 %.

Insgesamt sind die Aufwendungen, die sowohl durch die Vermietung als auch durch die Selbstnutzung veranlasst sind, zu 84 % der Vermietung zuzurechnen, also abziehbar. Die übrigen 16 % sind der Selbstnutzung zuzuordnen und damit nicht abziehbar.

So ermittelt Herr Glück die Einkünfte im Jahr 01:

Mieteinnahmen			12.800,– €
Werbungskosten (der Vermietung **direkt** zurechenbar)		./.	500,– €
Werbungskosten (der Vermietung **anteilig** zurechenbar)			
Abschreibungen, Schuldzinsen und Grundsteuer	8.000,– €		
davon 84 % abziehbar	6.720,– €	./.	6.720,– €
Einkünfte aus Vermietung			5.580,– €

Hätte Herr Glück die **Selbstnutzung vertraglich** von vornherein auf 30 Tage **begrenzt**, könnte er mehr Werbungskosten absetzen. Denn die Leerstandszeiten wären dann voll der Vermietungszeit zuzurechnen.

In diesem Fall wären nur die Kosten der tatsächlichen Selbstnutzung nicht abziehbar. Dagegen könnten Sie für 335 Tage (= 160 Tage Vermietung + 175 Tage Leerstand) Kosten geltend machen. Es wären also 91,8 % der aufzuteilenden Werbungskosten aus dem obigen Beispiel (8.000,– € für Abschreibungen, Schuldzinsen und Grundsteuer) abziehbar, also 7.344,– €. Damit könnten Sie 624,– € (= 7.344,– € ./. 6.720,– €) **mehr Kosten geltend machen** als ohne vertragliche Regelung.

3 Wie Sie bei Verlusten »Liebhaberei« vermeiden

3.1 Warum das bei Ferienwohnungen besonders schwierig ist

Steuervorteile bietet der Erwerb einer Ferienwohnung immer dann, wenn daraus Einkünfte erzielt werden und insbesondere in den Anfangsjahren die anzuerkennenden Werbungskosten (Betriebsausgaben) die Mieteinnahmen beträchtlich übersteigen. Der dann entstehende Verlust aus Vermietung (in Ausnahmefällen auch aus Gewerbebetrieb) kann mit anderen positiven Einkünften verrechnet werden. Das funktioniert genau wie bei einer »normalen« Vermietung.

Insbesondere bei der Vermietung von Ferienwohnungen gibt es ein **zusätzliches Problem:** Ferienwohnungen haben den Nachteil, dass sich daraus nicht während des ganzen Jahres laufend Mieteinnahmen erzielen lassen. Ihre steuerlichen **Verluste** sind meist **höher** und Ihre **Verlustphase** dauert meist **länger** als bei einer »normalen« Vermietung. Deshalb will Ihr Finanzamt die Verluste möglicherweise nicht anerkennen. Damit würde die von Ihnen gewünschte Steuerersparnis ausbleiben.

Grundsätzlich gilt: Ihre Verluste werden im Einkommensteuerrecht nur anerkannt, wenn Sie auf lange Sicht einen nachhaltigen Überschuss Ihrer Mieteinnahmen über die Werbungskosten erwarten. Ansonsten kann das Finanzamt annehmen, dass die Aufwendungen in Zusammenhang mit Ihrer Ferienwohnung nicht durch das Streben nach Einnahmen, sondern durch persönliche Motive veranlasst sind.

Ihr Finanzamt wird Ihnen **fehlende »Einkunftserzielungsabsicht«** unterstellen. Das bedeutet: Ihre Betätigung beruht nicht auf wirtschaftlichem (also auf die Erzielung von Erträgen gerichtetem) Verhalten, sondern auf privater Neigung. Es wird dann als sogenannte

»Liebhaberei« gewertet und steuerlich nicht berücksichtigt. Konsequenz: Wer aus Liebhaberei eine Ferienwohnung erwirbt, hat steuerlich **weder Mieteinnahmen** (selbst wenn Sie tatsächlich welche erhalten) **noch Werbungskosten.**

Hohe Verluste allein sprechen nicht für Liebhaberei

Wenn Sie ausschließlich an wechselnde Feriengäste vermieten und in der übrigen Zeit die Wohnung dafür bereithalten, muss Ihre Einkunftserzielungsabsicht nicht allein wegen hoher Werbungskostenüberschüsse geprüft werden (BFH-Urteil vom 29.8.2007, IX R 48/06, BFH/NV 2008 S. 34; BFH-Urteil vom 24.8.2006, IX R 15/06, BStBl. 2007 II S. 256).

In dem am 24.8.2006 entschiedenen Fall vermietete ein Ehepaar seit 1986 sein Urlaubsdomizil ausschließlich an wechselnde Feriengäste und hielt diese Immobilie in der übrigen Zeit für die Vermietung bereit. In den Jahren 1999 und 2000 erkannte das Finanzamt die Verluste aus Vermietung und Verpachtung nicht mehr an. Begründung: Es seien von Anfang an nur Verluste erzielt worden, sodass die Einkunftserzielungsabsicht fehle.

Das Finanzgericht Münster kam in der Vorinstanz zu dem Ergebnis, dass unter der Annahme einer 30-jährigen Nutzungsdauer bei voller Kreditfinanzierung der Ferienwohnung Einnahmen in Höhe von gut 10.000,– € jährlich erforderlich wären. Tatsächlich betrugen die Einnahmen nur etwas mehr als 2.500,– € jährlich. Die Verluste in den Jahren 1999 und 2000 lagen bei umgerechnet etwa 11.000,– €. Insgesamt waren im Streitfall in einem Zeitraum von 14 Jahren 110.000,– € Verluste entstanden. Die Hauseigentümer sahen auf absehbare Zeit keine Möglichkeit, in die Gewinnzone zu gelangen und erwogen, ihr Ferienhaus zu verkaufen.

Dieses Urteil hat der BFH gekippt. Seine Begründung: Bei einer dauerhaften Vermietung sei grundsätzlich von einer **Einkunftserzielungsabsicht** auszugehen, **auch bei längeren Verlustphasen.**

Es komme nicht darauf an, dass aus der Vermietung tatsächlich ein Totalüberschuss erzielt werden könne. Konsequenz: Eine **Prognoserechnung** darf nicht verlangt werden, wenn die ortsübliche Vermietungszeit an Ferienwohnungen um nicht mehr als 25 % unterschritten ist.

Allerdings gilt auch für Ferienwohnungen - wie für alle anderen Wohnungen –, dass die **tatsächliche Verwendung des Darlehens** geprüft werden muss, wenn Sie Schuldzinsen als Werbungskosten bei der Ferienwohnung ansetzen (BFH-Urteil vom 29.8.2007, IX R 48/06, BFH/NV 2008 S. 34). Das bedeutet: Mit dem Darlehen, für das die Schuldzinsen anfallen, müssen die Anschaffungs- oder Herstellungskosten, die Erhaltungsaufwendungen oder andere Werbungskosten eines Gebäudes oder Gebäudeteils finanziert werden, mit dem Vermietungseinkünfte erzielt werden sollen.

Wird ein Teil des Gebäudes selbst genutzt, müssen Sie auf eine strikte Trennung von der Ferienwohnung achten. Bereits die Finanzierung muss getrennt erfolgen, damit alle Zinsen der Ferienwohnung zugerechnet werden können.

Aber: Bei Verlusten muss langfristiger Gewinn geplant sein

Werden die Anschaffungs- oder Herstellungskosten und die anfallenden Darlehenszinsen wiederum fremdfinanziert, ohne dass ein Tilgungs- und Gewinnkonzept wie zum Beispiel ein Mehrkontenmodell besteht, ist die **Einkunftserzielungsabsicht ausnahmsweise zu prüfen.** Denn in diesem Fall kann nicht ohne weitere Prüfung davon ausgegangen werden, dass die immer weiter auflaufenden Schuldzinsen tatsächlich durch spätere Einnahmen ausgeglichen werden können (BFH-Urteil vom 10.5.2007, IX R 7/07, BStBl. 2007 II S. 873). Das gilt auch dann, wenn der Grundbesitz durchgehend vermietet ist.

Der BFH relativierte mit diesem Urteil den Grundsatz, dass der Fiskus bei einer Vermietung stets von einer Absicht zur Gewinnerzielung ausgehen muss. Im verhandelten Fall hatte ein Vermieter in den ersten 17 Jahren nach Bau einer Immobilie insgesamt rund 330.000,– € Schuldzinsen als Werbungskosten geltend gemacht, aber nur rund 70.000,– € Einnahmen erklärt.

Bei einer solch großen Differenz zwischen Einnahmen und Ausgaben sei das Finanzamt zu einer genauen Prüfung verpflichtet, stellten die Richter klar. Der Vermieter müsse ein **Konzept vorlegen,** wie er innerhalb eines Zeitraums von 30 Jahren ab Beginn der Vermietungstätigkeit einen **Gesamtgewinn** erreichen wolle.

Im konkreten Fall war der Betroffene dazu nicht in der Lage. Der BFH sprach ihm deswegen die Absicht ab, Gewinne erzielen zu wollen. Das von dem Vermieter vorgebrachte Argument, seine Planung sei über einen Zeitraum von 70 Jahren angelegt und beziehe auch die Einnahmen seiner Erben ein, ließen die Richter nicht gelten. Konsequenz: Das Finanzamt musste die **Verluste nicht** im Steuerbescheid **berücksichtigen.**

Längerer Leerstand wegen Renovierung: Verluste sind abziehbar

Auch wenn Ihr vermietetes Ferienobjekt wegen Renovierungsarbeiten längere Zeit leer steht, muss das Finanzamt die zwischenzeitlich anfallenden Kosten als Verluste anerkennen (BFH-Urteil vom 31.7.2007, IX R 30/05, BFH/NV 2008 S. 202). Das gilt auch, wenn **nicht absehbar** ist, ob und gegebenenfalls wann Ihre Ferienwohnung **wieder vermietet** wird. Es sei Sache des Vermieters, ob er Renovierungsarbeiten in Eigenleistung erledigt oder Fremdfirmen damit beauftragt, so die Richter. Auch wenn Ersteres länger dauert, bleiben die Werbungskosten abziehbar. Entscheidend ist, dass nach Abschluss der Renovierung das Objekt wieder vermietet werden sollte und auch tatsächlich wurde. Im konkreten Fall wurde es erst durch die Renovierung möglich, die Wohnung wieder zu vermieten.

Allerdings gibt es den **Verlustabzug nur für die Jahre,** in denen das Ferienhaus ausschließlich **vermietet** oder für die Vermietung bereitgehalten wird. In dem vom BFH entschiedenen Fall war die Vermietungsabsicht für zwei Ferienhäuser strittig. Denn der Vermieter hielt sich in dem betreffenden Jahr in dem einen Ferienhaus insgesamt 81 Tage und in dem anderen Objekt insgesamt 24 Tage auf, um in Eigenarbeit zu renovieren.

3.2 Bei gemischter Nutzung ist der Verlustabzug gefährdet

- Bei **ausschließlicher Vermietung** einer Ferienwohnung (auch bei Vermietung in Eigenregie) geht die Finanzverwaltung »ohne weitere Prüfung von der Einkunftserzielungsabsicht« aus. Das gilt in den vier Fällen, die das BMF-Schreiben ausdrücklich nennt und die wir im Kapitel »Die ausschließlich vermietete Ferienwohnung« darstellen.
- Dagegen verlangen der BFH und die Finanzverwaltung bei einer **zeitweise selbst genutzten** und **zeitweise vermieteten Ferienwohnung** immer einen Nachweis für die Einkunftserzielungsabsicht. Das gilt auch,
  - wenn Sie über einen **Vermittler** vermieten und sich die Selbstnutzung nur für wenige Wochen vorbehalten, oder sogar
  - wenn Sie die Wohnung tatsächlich nicht selbst nutzen, sich die **Selbstnutzung aber vertraglich vorbehalten** haben (BFH-Urteil vom 7.6.2002, IX B 15/02, BFH/NV 2002 S. 1300).
- Die Nachweispflicht trifft Sie auch, wenn Sie die **ortsübliche Vermietungszeit** um mehr als 25 % **unterschreiten.** Insbesondere wenn Sie nur an wenigen Tagen im Jahr vermieten, müssen Sie dokumentieren, dass Sie zum Beispiel in häufigen Zeitungsanzeigen für Ihre Wohnung werben.

Hinweis: Auch wenn Sie aus einer Ferienwohnung keine Vermietungseinkünfte, sondern ausnahmsweise **Einkünfte aus Gewerbebetrieb** erzielen, müssen Sie in den beschriebenen Fällen Ihre Einkunftserzielungsabsicht nachweisen.

3.3 Das Finanzamt verlangt eine Überschussprognose

Das Finanzamt kann Sie entweder bei der ersten Steuererklärung, in der Sie Verluste aus der Vermietung der Ferienwohnung angeben, oder in einem der nächsten Jahre auffordern, Ihre Einkunftserzielungsabsicht darzulegen. Dann müssen Sie dem Finanzamt vorrechnen, dass über einen Zeitraum von **30 Jahren** die Mieteinnahmen zusammengerechnet per saldo höher sind als die Werbungskosten (Überschussprognose). Die voraussichtlichen Einnahmen und Ausgaben sind zu **schätzen.**

Der 30-jährige **Prognosezeitraum beginnt** für den Käufer mit dem Jahr der Anschaffung der Ferienwohnung und für den Bauherrn mit der **Fertigstellung** der Ferienwohnung.

Wird die Einkunftserzielungsabsicht erst nach einigen Jahren überprüft, setzen Sie für die Vorjahre Ihre im Steuerbescheid (vorläufig) anerkannten Verluste aus Vermietung an, berücksichtigen aber anstelle der tatsächlich beanspruchten Gebäudeabschreibung nur einen Abschreibungssatz von 2 %.

Für alle **künftigen Jahre** berechnen Sie die voraussichtlichen Verluste/Gewinne nach dem im nächsten Kapitel dargestellten Schema für die Überschussprognose. Dabei gilt: Wenn Sie für die Zukunft von anderen Einnahmen und Ausgaben als in der Vergangenheit ausgehen, müssen Sie das dem Finanzamt nachprüfbar darlegen. Ansonsten legt die Behörde bei der Prognose die durchschnittlichen Einnahmen und Ausgaben der **vergangenen fünf Jahre** zugrunde.

Problematisch ist vor allem die Schätzung der **künftigen Mieteinnahmen**. Das Finanzamt kann zum Beispiel die ersten Jahre der Vermietung abwarten, daraus einen Jahresdurchschnitt der vermieteten Tage errechnen und dann annehmen, dass es auch künftig nicht mehr Vermietungstage geben wird. Insbesondere wenn Sie in diesen Jahren Verluste einfahren, müssten Sie dem Finanzamt beweisen, dass künftig mit Überschüssen zu rechnen ist.

Sie haben Ihre Vermietungsbemühungen verstärkt (z.B. mehr Anzeigen geschaltet) und können nachweislich mit einer steigenden Anzahl von Vermietungen rechnen.

Fragen Sie vor Beginn der Vermietung bei dem für Ihre Ferienwohnung zuständigen Fremdenverkehrsbüro nach, welche **Übernachtungspreise** erzielbar sind und mit welcher **Auslastung** Sie rechnen können.

Wann keine Überschussprognose erforderlich ist

Wer eine Ferienwohnung vermietet, erwirtschaftet nur selten von Beginn an einen Gewinn. Viel häufiger kommt es vor, dass über lange Zeit Verluste entstehen, die mit anderen Einkünften verrechnet werden können.

Aus diesem Grund wird bei einer Ferienwohnung besonders intensiv geprüft, ob eine **Einkunftserzielungsabsicht** besteht oder ob die Wohnung vor allem aus privaten Gründen gehalten wird. Als Beweis einer Einkunftserzielungsabsicht und Schlüssel zur Anerkennung aller Verluste dient oft eine **Überschussprognose**, aus der sich ergibt, dass über die gesamte Vermietungsdauer ein positives Ergebnis erwirtschaftet wird.

Von der Erstellung einer solchen Prognose wird **abgesehen**, wenn die Wohnung nicht privat genutzt wird und die tatsächliche Vermietungszeit an Feriengäste der am Ort üblichen Vermietungszeit entspricht.

Das Finanzgericht Köln hatte einen Fall zu beurteilen, bei dem die **Selbstnutzung erst nach einiger Zeit vollständig ausgeschlossen** wurde, nachdem die Besitzer der Ferienwohnung zuvor von der vereinbarten Möglichkeit zur Selbstnutzung keinen Gebrauch gemacht hatten. Während der gesamten Zeit lag die Vermietungszeit über dem Durchschnitt für Ferienwohnungen am Ort. Das zuständige Finanzamt verlangte wegen der ursprünglich vereinbarten Selbstnutzungsmöglichkeit dennoch eine Überschussprognose.

Die Finanzrichter haben das Finanzamt in diesem Fall in die Schranken verwiesen und die Erstellung der Überschussprognose für nicht erforderlich gehalten. Nach Ansicht des Gerichts waren alle typisierten Bedingungen für den Verzicht auf eine Überschussprognose erfüllt. Damit muss das Finanzamt die **Vermietungsverluste anerkennen** (FG Köln vom 17.12.2015, 10 K 2322/13, EFG 2016 S. 381).

3.4 So funktioniert die Überschussprognose

Bei der Überschussprognose gelten folgende **Grundsätze:**

- In die Prognose dürfen nur die Aufwendungen einbezogen werden, die auf Zeiträume entfallen, in denen die Ferienwohnung **vermietet** oder zur Vermietung angeboten werden soll. Das bedeutet: Aufwendungen, die unmittelbar durch die Vermietung verursacht sind, gehören in voller Höhe zu den Werbungskosten.
- Aufwendungen, die auf die Zeit der geschätzten künftigen **Selbstnutzung** entfallen, dürfen nicht einbezogen werden.
- Aufwendungen, die **sowohl durch die geplante Vermietung als auch durch die Selbstnutzung** veranlasst sind, müssen nach den jeweiligen Nutzungszeiträumen aufgeteilt werden.
- Für die **Leerstandszeiten** gilt: Wird die Ferienwohnung teils selbst genutzt, müssen Sie auch die geplanten Tage der Selbstnutzung abschätzen und zusätzlich die Zeit des Leerstehens der geschätzten Vermietung bzw. Selbstnutzung zuordnen. Nur so können Sie den Anteil bestimmen, mit dem Werbungskosten absetzbar sind.

Das Berechnungsschema für die Überschussprognose

	Erwartete Mieteinnahmen (ohne Nebenkosten)		________€		
+	10 % Sicherheitszuschlag	+	________€		
=	**Mieteinnahmen**	=	________**€**		________**€**
	Schuldzinsen		________€		
+	Renovierungskosten _____€ × _____ m²	+	________€		
+	Abschreibung für Einrichtungsgegenstände	+	________€		
=	Zwischensumme	=	________€		
./.	10 % Sicherheitsabschlag	./.	________€		
+	Abschreibung für die Wohnung (i.d.R. 2 %)	+	________€		
=	**Werbungskosten**	=	________**€**		
	davon entfallen auf die Zeit der Vermietung ____%	=	________€	./.	________€
	Verlust/Gewinn				________**€**

So ermitteln Sie die einzelnen Einnahme- und Ausgabe-Positionen

- **Abschreibungen:** Wie Sie tatsächlich abschreiben, spielt keine Rolle. In Ihrer Rechnung setzen Sie die **lineare Abschreibung** in Höhe von 2 % (2,5 % bei Fertigstellung vor dem 1.1.1925) an. Haben Sie tatsächlich **degressiv** abgeschrieben, ergeben sich für die vorangegangenen Jahre in Ihrer Überschussprognose geringere Verluste als im Steuerbescheid.

  Bei den Abschreibungen für **Einrichtungsgegenstände** müssen Sie die amtliche AfA-Tabelle für das »Gastgewerbe« zugrunde legen.

- **Mieteinnahmen:** Geben Sie die Mieteinnahmen für die zukünftigen Jahre an. Inflationsbedingte Mieterhöhungen werden allerdings nicht berücksichtigt. Wenn Sie die zukünftigen Einnahmen nur schwer abschätzen können, bilden Sie aus den Mieteinnahmen der letzten fünf Veranlagungszeiträume einen Durchschnittswert. Schließlich dürfen Sie alle zukünftigen Mieteinnahmen noch um einen **»Sicherheitszuschlag« von 10 %** erhöhen.

Häufig werden die **Nebenkosten** bei Ferienwohnungen nicht separat abgerechnet, sondern sind Bestandteil des Mietpreises. In diesem Fall können Sie aus Vereinfachungsgründen die gesamten Mieteinnahmen (also inklusive der Nebenkosten) ansetzen. Im Gegenzug gehören die Nebenkosten dann zu den Werbungskosten.

- **Schuldzinsen:** Überlegen Sie, wie Sie zukünftig die Schulden tilgen wollen und wie hoch die Zinsbelastung sein wird. Bei Darlehensaufnahme erhalten Sie von Ihrer Bank einen Tilgungsplan. Dieser Plan ist die Basis für den ersten Zinsbindungszeitraum, falls Sie **keine Sondertilgungen** beabsichtigen.

  Sind dagegen zum Beispiel nach Fälligkeit einer Lebensversicherung oder nach Erhalt einer Schenkung hohe **Sondertilgungen** möglich, sollten Sie berücksichtigen, dass bei Annuitätentilgung der Tilgungsanteil im Laufe der Jahre steigt und der Anteil der Schuldzinsen sinkt.

  Wollen Sie Darlehen für Ihr Ferienobjekt **vor Ablauf der Zinsbindungsfrist** tilgen, müssen Sie die Verträge oder Vereinbarungen – zum Beispiel für Sondertilgungen oder die vorzeitige Kündigung zweckgebundener Lebensversicherungen oder Bausparverträge – vorlegen.

  Vermieter mit mehreren Objekten sollten auf Dauer vermietete Immobilien in großem Umfang mit Fremdkapital finanzieren, für die gemischt genutzte Ferienwohnung sollten Sie dagegen Eigenkapital nutzen. **Generell gilt:** Je geringer Ihre Schuldzinsen in Zukunft sind, desto eher erreichen Sie einen Totalüberschuss.

Können Sie Ihre **künftigen Zinslasten nicht sicher schätzen,** müssen Sie nach den allgemeinen Grundsätzen der Überschussprognose den Durchschnittswert der letzten fünf Vermietungsjahre für die Zukunft ansetzen. Anders als die Vorinstanz lässt der BFH vage Vermutungen über künftig entfallende Zinsaufwendungen wegen der zu erwartenden Darlehenstilgung oder über höhere Mieteinnahmen wegen gesteigerter Bemühungen um die Bekanntheit des Urlaubsgebiets nicht zu. Hier müssen vielmehr belastbare Tatsachen präsentiert werden (BFH-Urteil vom 28.10.2009, IX R 30/08, BFH/NV 2010 S.850).

- **Renovierungskosten:** Hier greifen Sie zurück auf § 28 der Verordnung über wohnungswirtschaftliche Berechnungen. Danach müssen Sie zunächst für jedes zukünftige Jahr feststellen, wie alt die Immobilie mittlerweile ist. Dann dürfen Sie pro Jahr **für jeden Quadratmeter vermietete Wohnfläche**
  - 7,10 € absetzen, solange die Wohnung noch keine 22 Jahre alt ist,
  - 9,– € absetzen, wenn die Wohnung mindestens 22 Jahre, aber noch keine 32 Jahre alt ist, und
  - 11,50 € absetzen, sobald die Wohnung mindestens 32 Jahre alt ist.

  Für eine Garage oder einen Stellplatz dürfen Sie 68,– € jährlich ansetzen.

  Unvorhergesehene Kosten, wie beispielsweise die notwendige **Dachsanierung** bei einem 200 Jahre alten (auch selbst genutzten) Ferienhaus, dürfen ebenfalls in die Überschussprognose einfließen (BFH-Beschluss vom 26.7.2006, IX B 162/05, BFH/NV 2007 S.878).

- **Sicherheitsabschlag:** Von den Schuldzinsen und den Renovierungskosten müssen Sie noch einen »**Sicherheitsabschlag« von 10 %** vornehmen.

- **Wertsteigerungen** der Immobilie oder ein eventueller **Veräußerungsgewinn** dürfen **nicht** als Einnahmen berücksichtigt werden. Das soll nach Auffassung der Finanzverwaltung sogar gelten, wenn der Veräußerungsgewinn bei einem Verkauf innerhalb von zehn Jahren steuerpflichtig ist.

Das muss herauskommen, damit Ihre Verluste anerkannt werden

Die (korrigierten) Verluste aus den vergangenen Steuerbescheiden müssen zusammen mit den zukünftigen Verlusten und Gewinnen **nach 30 Jahren** einen (wenn auch geringen) **positiven Überschuss** (»Totalüberschuss«) ergeben. Nur dann liegt **keine Liebhaberei** vor und das Finanzamt erkennt alle Verluste aus der Vermietung Ihrer Ferienwohnung an. Ihre bisher vorläufigen Steuerbescheide werden dann für endgültig erklärt und Ihre Verluste damit anerkannt.

Sie haben eine Ferienwohnung gekauft, die Sie teils selbst nutzen, teils vermieten. **In den Jahren 01 bis 05 erzielen Sie folgende Mieteinnahmen:**

01	12.300,– €
02	13.800,– €
03	11.000,– €
04	11.800,– €
05	11.400,– €
insgesamt	60.300,– €

Es ergibt sich ein Durchschnitt von 60.300,– €/5 Jahre = 12.060,– €.

Folgende Aufwendungen sind der Vermietung zuzurechnen und daher abziehbar:

01	14.400,– €
02	16.800,– €
03	12.000,– €
04	12.800,– €
05	11.600,– €
insgesamt	67.600,– €

Es ergibt sich ein Durchschnitt von 67.600,– €/5 Jahre = 13.520,– €.

Prognose des Totalüberschusses:

Durchschnittliche Mieteinnahmen	12.060,– €	
+ 10 % Sicherheitszuschlag	+ 1.206,– €	13.266,– €/Jahr
Durchschnittliche Aufwendungen	13.520,– €	
./. 10 % Sicherheitsabschlag	./. 1.352,– € ./.	12.168,– €/Jahr
Überschuss		**1.098,– €/Jahr**
Totalüberschuss in 30 Jahren		**32.940,– €**

Wenn Sie Ihre Einkunftserzielungsabsicht nicht nachweisen können

In diesem Fall unterstellt das Finanzamt Liebhaberei und erkennt Ihre Verluste aus Vermietung nicht an. In **Zweifelsfällen** wartet das Finanzamt die zukünftige Entwicklung Ihrer Verluste und Überschüsse aus der vermieteten Immobilie ab. Bisherige und zukünftige Verluste werden **vorläufig** anerkannt (§ 165 AO) oder stehen unter dem **Vorbehalt der Nachprüfung** (§ 164 AO). Sie müssen dann jährlich eine Einkommensteuererklärung mit der Anlage V abgeben.

Stellt das Finanzamt in einigen Jahren fest, dass es sich bei Ihrer Vermietung tatsächlich um **Liebhaberei** handelt, werden in allen vorläufigen Steuerbescheiden die Verluste gestrichen. Konsequenz: Sie müssen bereits erhaltene Steuervorteile zurückzahlen.

4 Wie Sie Ihre Ferienwohnung abschreiben

4.1 So schreiben Sie Anschaffungs-/ Herstellungskosten ab

Abschreiben bedeutet: Die Anschaffungs- bzw. Herstellungskosten eines Gebäudes oder einer Wohnung werden über mehrere Jahre verteilt. Sie können Jahr für Jahr jeweils nur einen Teil Ihrer Kosten in der Steuererklärung absetzen. Der jährlich abzugsfähige Teil der Anschaffungs- bzw. Herstellungskosten heißt Abschreibung, **Absetzung für Abnutzung** oder kurz **AfA.**

Wichtig: Sie können **nur** die Anschaffungs- bzw. Herstellungskosten **des Gebäudes** abschreiben, nicht aber die von Grundstücken.

Viele Abschreibungen gibt es nur für Immobilien, die **Wohnzwecken dienen.** Die Finanzverwaltung ist aber der Meinung, dass eine Ferienwohnung, die an ständig wechselnde Feriengäste vermietet wird, nicht Wohnzwecken dient (R 7.2 Abs. 1 EStR). Auch der BFH hat entschieden, dass eine Ferienwohnung, die für kürzere Zeiträume an wechselnde Feriengäste vermietet wird, nicht Wohnzwecken dient (BFH-Urteil vom 14.3.2000, IX R 8/97, BStBl. 2001 II S. 66). Das gilt selbst dann, wenn Sie für die Vermietung einen Vermittler einschalten. Einzige **Ausnahme:** Eine Ferienwohnung, die an einen Dauermieter vermietet ist, dient Wohnzwecken.

Welche Abschreibungsmöglichkeiten Sie haben, richtet sich danach, ob Sie – wie im Normalfall – eine privat genutzte Ferienwohnung haben, oder ob Sie die Immobilie ausnahmsweise gewerblich nutzen. Dabei kommt für die meisten Objekte nur eine lineare Abschreibung in Betracht. Lediglich bei Neubauten, die Sie schon vor vielen Jahren gebaut oder gekauft haben, ist in bestimmten Fällen eine degressive Abschreibung möglich.

4.1.1 Sie vermieten Ihre Ferienwohnung privat

Gehört die Ferienwohnung zu Ihrem Privatvermögen, ist eine lineare Abschreibung möglich (§ 7 Abs. 4 EStG). **Lineare Abschreibung** bedeutet: Es gibt nur einen Abschreibungssatz für alle Kalenderjahre.

Der Abschreibungssatz liegt bei **2 %** der Anschaffungs- bzw. Herstellungskosten des Gebäudes pro Jahr. Nur bei Gebäuden, die vor dem 1.1.1925 fertiggestellt wurden, beträgt die lineare Abschreibung jährlich 2,5 %.

4.1.2 Ihre Ferienwohnung gehört zum Betriebsvermögen

Wenn Sie mit Ihrer Ferienwohnung **gewerbliche** Einkünfte erzielen, ist eine **lineare** Abschreibung von **3 % jährlich** möglich. Das gilt für Bauanträge bzw. Kaufverträge nach dem **31.12.2000.** Voraussetzung ist, dass die Gebäude nicht Wohnzwecken dienen, so wie es bei Ferienwohnungen der Fall ist.

Eine **degressive Abschreibung** war nur für gewerblich genutzte Ferienwohnungen möglich, die Neubauten sind **und** deren Bauantrag bzw. Kaufvertrag zwischen dem 31.3.1985 und dem 31.12.1993 datiert. Es gelten folgende **Abschreibungssätze:**

im Jahr der Fertigstellung/Anschaffung und in den folgenden drei Jahren	jeweils	10 %
in den dann folgenden drei Jahren	jeweils	5 %
und in den dann folgenden 18 Jahren	jeweils	2,5 %

4.2 So schreiben Sie die Wohnungseinrichtung ab

Bei einer vermieteten Ferienwohnung (egal, ob privat oder gewerblich) gehören auch die Abschreibungen für die Einrichtungsgegenstände zu den Werbungskosten. Unabhängig davon, ob Sie für diese

Ferienwohnung neue oder gebrauchte Möbel kaufen oder diese schon seit einiger Zeit – zum Beispiel in Ihrer Hauptwohnung – benutzt haben, sind Abschreibungsbeträge für Schrank, Bett, Tisch, Gardinen, Küchenmöbel etc. möglich.

4.2.1 Grundsatz: Lineare Abschreibung über mehrere Jahre

Da Gegenstände des Privatvermögens grundsätzlich **nur linear** abgeschrieben werden können, kann man aus der voraussichtlichen Gesamtnutzungsdauer eines Einrichtungsgegenstandes die Höhe der Abschreibungssätze ermitteln.

Vermieter einer Ferienwohnung oder eines Ferienhauses dürfen die Einrichtungsgegenstände nach der **AfA-Tabelle »Gastgewerbe«** absetzen (BFH-Urteil vom 6.11.2001, IX R 97/00, BStBl. 2002 II S. 726). Sie gilt für alle Einrichtungsgegenstände, die nach dem 31.12.1986 angeschafft oder hergestellt worden sind. Da diese Tabelle ab 2001 nicht erneuert wurde, gilt sie unverändert auch für Einrichtungsgegenstände, die später angeschafft wurden. Bei einem Blick in die Tabelle »Gastgewerbe« werden Sie feststellen, dass dort zum Teil die gleichen Nutzungsdauern zugrunde gelegt werden, die nach der **allgemeingültigen amtlichen AfA-Tabelle** nur für Anschaffungen bis Ende 2000 gegolten haben.

AfA-Tabelle »Gastgewerbe« speziell für Ferienwohnungen und -häuser		
Gegenstand	**Nutzungsdauer**	**AfA-Satz in %**
Elektro-Kleingerät	3 Jahre	33,3 %
Fernseher	3 Jahre	33,3 %
Fitnessgerät	5 Jahre	20 %
Herd	5 Jahre	20 %
Kaffeemaschine (elektrisch)	5 Jahre	20 %
Kaffeemühle (elektrisch)	5 Jahre	20 %
Kochkessel	7 Jahre	14,3 %
Kühlschrank	5 Jahre	20 %
Markise	8 Jahre	12,5 %

AfA-Tabelle »Gastgewerbe« speziell für Ferienwohnungen und -häuser		
Gegenstand	**Nutzungsdauer**	**AfA-Satz in %**
Möbel (Bett, Schrank, Tisch, Stuhl etc.)	10 Jahre	10 %
Radio	3 Jahre	33,3 %
Reinigungsgerät	3 Jahre	33,3 %
Spülmaschine	5 Jahre	20 %
Teppich, Vorhang[1)] – hochwertig (ab 500,– €) – normal – einfach	 15 Jahre 5 Jahre 3 Jahre	 6,7 % 20 % 33,3 %
Videorekorder	3 Jahre	33,3 %
Vitrine	8 Jahre	12,5 %

1) Vorhänge sind in der amtlichen AfA-Tabelle nicht genannt, werden aber unseres Erachtens abgeschrieben wie normale Teppiche.

Wenn Sie für Ihre Ferienwohnung oder Ihr Ferienhaus die Nutzungsdauer in der Tabelle »Gastgewerbe« nicht finden, gilt die Nutzungsdauer aus der **allgemeingültigen amtlichen AfA-Tabelle** (BMF-Schreiben vom 15.12.2000, BStBl. 2000 I S. 1532).

4.2.2 Geringwertige Gegenstände sind sofort abschreibbar

Die Anschaffungskosten von Einrichtungsgegenständen, die **weniger als 800,– €** (ohne Umsatzsteuer) gekostet haben, können – alternativ zur linearen Abschreibung – sofort in einer Summe abgeschrieben werden (§ 6 Abs. 2 EStG). Diese **Vereinfachungsregelung** besteht aber nur für die **vom Eigentümer** hergestellten oder angeschafften Gegenstände.

Dagegen sind ehemals privat genutzte Möbel, die später zur Erzielung von Einkünften aus Vermietung verwendet werden und mittlerweile weniger als 800,– € (ohne Umsatzsteuer) wert sind, nicht begünstigt.

Herr Schmidt kauft für seine Ferienwohnung im Dezember für 750,– € (ohne Umsatzsteuer) ein neues Regal, das noch im gleichen Jahr geliefert wird. Wenn er die Aufwendungen für dieses Regal auf zehn Jahre verteilen will, kann er im Jahr der Anschaffung den ersten Abschreibungsbetrag geltend machen. Wenn er von der Vereinfachungsregelung Gebrauch macht, kann er die gesamten 750,– € zuzüglich Umsatzsteuer im Jahr der Anschaffung in einem Betrag als Werbungskosten geltend machen.

Hätte das Regal ohne Umsatzsteuer 850,– € gekostet, wäre Herr Schmidt gezwungen, diesen Betrag über zehn Jahre zu verteilen. Aber auch wenn er dieses Regal zunächst zwei Jahre in sein eigenes Wohnzimmer und erst ab dem dritten Jahr in die Ferienwohnung stellt, muss er in den folgenden acht Jahren jeweils 10 % abschreiben, obwohl der Zeitwert im dritten Jahr unter 800,– € liegt.

4.2.3 Abschreibung im Jahr von Kauf/Verkauf

Was ist im Anschaffungsjahr steuerlich abziehbar?

Sie müssen im Jahr der Anschaffung die Jahres-AfA für Ihre Einrichtungsgegenstände **monatsgenau zeitanteilig berechnen.** Für jeden Monat ab Anschaffung steht Ihnen ein Zwölftel der Jahres-AfA zu. Dabei dürfen Sie den Monat der Anschaffung zu Ihren Gunsten voll mit einbeziehen (§ 7 Abs. 1 Satz 4 EStG).

Sie kaufen sich am 25. Oktober des Jahres 01 einen Kühlschrank für 1.000,– €, den Sie mitvermieten. Bei einer Nutzungsdauer von fünf Jahren nach der AfA-Tabelle »Gastgewerbe« beträgt die Jahres-AfA 200,– € (1.000,– € : 5).

Als AfA können Sie geltend machen

im Jahr 01: 3/12 von 200,– € =	50,– €
in den Jahren 02 bis 05:	200,– €
im Jahr 06: 9/12 von 200,– € =	150,– €

Was ist im Verkaufsjahr steuerlich abziehbar?

Ist der Einrichtungsgegenstand zum Zeitpunkt des Verkaufs **noch nicht vollständig abgeschrieben,** ist die **normale Jahres-AfA** im Verkaufsjahr nur zeitanteilig für die Monate der Vermietung abziehbar. Einen angefangenen Monat dürfen Sie dabei zu Ihren Gunsten mitrechnen.

Sie verkaufen Ihren Kühlschrank am 15. März des Jahres 02. Die ermittelte Jahres-AfA von angenommen 200,– € können Sie für 02 nur zu 3/12 (= 50,– €) als Werbungskosten geltend machen.

Sie nutzen Einrichtungsgegenstände vor Ende der AfA privat

Nutzen Sie Einrichtungsgegenstände aus Ihrer Ferienwohnung vor dem Ende der Abschreibungsdauer nur noch für private Zwecke (»Entwidmung«), endet die AfA zu diesem Zeitpunkt. Das restliche Abschreibungsvolumen (Restwert) können Sie nicht mehr in Anspruch nehmen – auch nicht als Absetzung für außergewöhnliche Abnutzung (BFH-Urteil vom 15.12.1989, VI R 44/86, BStBl. 1990 II S. 692).

5 Das Wichtigste zu den Werbungskosten

Nachfolgend erläutern wir in alphabetischer Reihenfolge alles Wissenswerte zu den Werbungskosten, soweit es für Ihre Ferienwohnung von Bedeutung ist.

5.1 Anschaffungs-/Herstellungskosten

Aufwendungen, die zu den Anschaffungs- bzw. Herstellungskosten gehören, können nicht sofort als Werbungskosten abgezogen werden. Steuervorteile gibt es hierfür nur über die Jahre verteilt durch **Abschreibungen.** Die Steuervorteile bei den Anschaffungs-/Herstellungskosten richten sich danach,

- ob es sich um **Anschaffungskosten des Grund und Bodens** handelt (wie z.B. bei den Notarkosten für einen Kaufvertrag über ein unbebautes Grundstück). Diese Kosten sind überhaupt nicht abzugsfähig;
- ob es sich um **Anschaffungs-/Herstellungskosten des Gebäudes** handelt. Diese Aufwendungen können über die Jahre verteilt abgeschrieben werden, und zwar grundsätzlich ab Anschaffung/Fertigstellung;

  oder

- ob es sich um **Anschaffungs-/Herstellungskosten eines bebauten Grundstücks** (einer Ferienwohnung) handelt, die sowohl den Grund und Boden als auch das Gebäude betreffen (z.B. die Grunderwerbsteuer beim Kauf eines Hauses vom Bauträger). Solche Aufwendungen müssen – genauso wie der Kaufpreis – auf Grund und Boden einerseits und Gebäude andererseits aufgeteilt werden.

5.2 Bausparvertrag

Die **Abschluss- (oder Bearbeitungs-)Gebühr** für einen Bausparvertrag gehört dann zu den Werbungskosten bei den Vermietungseinkünften, wenn Sie das Baudarlehen für eine vermietete Ferienimmobilie verwenden (BFH-Urteil vom 8.2.1983, VIII R 163/81, BStBl. 1983 II S. 355). Das Gleiche gilt für die **Schuldzinsen,** und zwar

- die Schuldzinsen für das **Bauspardarlehen,**
- die Schuldzinsen für einen **Auffüllungskredit** (bei einem noch nicht voll angesparten Bausparvertrag) und
- die Schuldzinsen für eine **Zwischenfinanzierung** (bei einem angesparten Bausparvertrag).

Bei Inanspruchnahme des Auffüllungskredits bzw. der Zwischenfinanzierung gehören die Guthabenzinsen zu den Einnahmen aus Vermietung.

5.3 Damnum

Nehmen Sie bei einer Bank, Bausparkasse oder Versicherungsgesellschaft ein Darlehen für den Bau oder Kauf einer Immobilie, einen Ausbau, die Finanzierung größerer Renovierungskosten oder eine Umschuldung auf, wird ein solches Darlehen oft nicht zu 100 % ausgezahlt, sondern mit einem Abzug – dem sogenannten **»Damnum«** oder **»Disagio«.**

Banken und (Bau-)Sparkassen bieten Ihnen ein solches Darlehen an zu unterschiedlichen Zinssätzen mit unterschiedlich hohem Damnum. Die Effektivverzinsung bleibt dabei regelmäßig gleich. Sie können wählen: Je höher das Damnum jetzt ist, desto niedriger ist später der Nominalzins (und umgekehrt). Das Damnum ist eine Art Zinsvorauszahlung: Wer jetzt ein hohes Damnum zahlt, muss später nur niedrige Zinsen zahlen.

So sieht der **Werbungskostenabzug** des Damnums im Einzelnen aus:

- Das Damnum ist sofort in voller Höhe als Werbungskosten abzugsfähig, wenn es bei einem **Zinsfestschreibungszeitraum** von mindestens **fünf Jahren** maximal **5 % der Darlehenssumme** beträgt. In diesen Fällen betrachtet der Gesetzgeber das Damnum als »marktüblich«.

  Den darüber hinausgehenden Teil des Damnums müssen Sie auf den Zinsfestschreibungszeitraum oder bei dessen Fehlen auf die Laufzeit des Darlehens verteilen.

  Beispiel: Für ein Darlehen, dessen Zinsen für einen Zeitraum von zehn Jahren festgeschrieben sind, soll ein Damnum von 8 % gezahlt werden.

  Der »marktübliche« Betrag von 5 % ist sofort als Werbungskosten abziehbar. Den über die 5 % hinausgehenden Damnumsbetrag (also 3 %) müssen Sie dagegen auf den Zinsfestschreibungszeitraum von zehn Jahren mit jährlich 0,3 % verteilen.

- Wollen Sie das Darlehen erst im nächsten Jahr für eine vermietete Immobilie einsetzen, den Steuervorteil für das Damnum aber schon für das laufende Kalenderjahr nutzen, gilt: Sie müssen mit dem Darlehensgeber vereinbaren, dass Sie das **Damnum schon vor der Darlehensauszahlung** entrichten.

  Allerdings ist ein im Voraus gezahltes Disagio nur unter folgender Voraussetzung als Werbungskosten abziehbar: Innerhalb von **drei Monaten,** nachdem Sie das Damnum entrichtet haben, werden mindestens **30 % der Darlehenssumme** ausgezahlt. In den 30 % ist das Disagio enthalten. Das bedeutet: Bei einem Damnum von 5 % reicht schon eine Zahlung von 25 % des Darlehensbetrags aus, um den Werbungskostenabzug für das Damnum zu bekommen (BMF-Schreiben vom 20.10.2003, BStBl. 2003 I S. 546 Tz. 15 und 50).

Nehmen Sie für das Damnum ein **Zusatzdarlehen (Tilgungs-/Streckungsdarlehen)** auf, ist ein Werbungskostenabzug erst dann möglich, wenn Sie die Tilgungsraten für das Zusatzdarlehen zahlen (BMF-Schreiben vom 31.12.1994, BStBl. 1994 I S. 887 Tz. 92).

Erstatten Sie **dem Veräußerer** ein bei dessen Darlehensaufnahme **einbehaltenes Damnum,** gehört dieser Erstattungsbetrag nicht zu den sofort abzugsfähigen Werbungskosten, sondern zu den Anschaffungskosten (BFH-Urteil vom 17.2.1981, VIII R 95/80, BStBl. 1981 II S. 466).

Inzwischen hat der BFH die **strikte Grenze von 5 %** für ein sofort abzugsfähiges Disagio **aufgeweicht.** Denn nach der Gesetzesbegründung zum Disagioabzug soll ein über das übliche Maß hinausgehende Disagio nicht sofort abgezogen werden. Was unter dem Begriff »übliches Maß« zu verstehen ist, hatte der Gesetzgeber bei Einführung der Regelung so erläutert: Ein Kredit ist dann nicht marktüblich, wenn der Nominalzins ungewöhnlich niedrig ist. Nach Meinung des Bundesfinanzministeriums ist ein Disagio nur dann marktüblich, wenn es nicht über 5 % liegt und das Darlehen mindestens fünf Jahre läuft.

Anders der BFH: Was marktüblich ist, richtet sich nach der aktuellen Situation auf dem Kapitalmarkt bezogen auf die konkrete Immobilie. Wird ein Darlehen bei einer Geschäftsbank aufgenommen, ist anzunehmen, dass die Bank eine größere Anzahl ähnlicher Darlehen vergibt. Damit ist nach Ansicht der Richter bereits durch die Darlehensaufnahme bei einer Geschäftsbank zunächst einmal von einem marktüblichen Darlehen auszugehen. Dagegen darf die **Marktüblichkeit nicht an einen festen Zinssatz gekoppelt** werden.

Als Anhaltspunkte für **nicht marktübliche Darlehensvereinbarungen** müssen weitere Umstände hinzukommen. Das könnten eine besonders geringe Kreditwürdigkeit des Darlehensnehmers, persönliche Beziehungen zwischen Darlehensnehmer und Kreditgeber oder andere atypische Gestaltungen sein. Nur wenn durch solche

Indizien eine unübliche Gestaltung anzunehmen ist, kann bei einem Darlehen von einer Geschäftsbank der sofortige Abzug des Disagios verweigert werden.

Ob solche Anhaltspunkte in dem konkreten Fall (10 % Disagio bei zehn Jahren Zinsbindung) vorlagen, hatte der BFH nicht zu entscheiden. Diese Sachverhaltsaufklärung ist Aufgabe des Finanzgerichts, an das der BFH den Fall zurückverwiesen hat (BFH-Urteil vom 8.3.2016, IX R 38/14, BFH/NV 2016 S. 1206).

Auch wenn der BFH damit den Weg zu einem sofortigen Abzug eines Disagios von mehr als 5 % öffnet, sollten Sie die Grenze von 5 % nicht aus den Augen verlieren. Einen höheren Abzug können Sie auch mit dieser BFH-Entscheidung zunächst wohl nur mittels einer Klage vor dem Finanzgericht erreichen. Wir gehen davon aus, dass die Finanzämter zunächst einmal an der vereinfachten Typisierung festhalten und ein Disagio von mehr als 5 % nicht sofort als Werbungskosten anerkennen.

5.4 Erhaltungsaufwand

Alle Aufwendungen, die zum Erhaltungsaufwand zählen, können grundsätzlich als Werbungskosten sofort abgezogen werden. Voraussetzung für Erhaltungsaufwand ist, dass **etwas bereits Vorhandenes** instand gehalten, instand gesetzt, erneuert oder modernisiert wird. Es kommt nicht darauf an, ob die Arbeiten zwingend erforderlich waren. Das Alter der ersetzten oder modernisierten Gebäudebestandteile spielt grundsätzlich genauso wenig eine Rolle wie die Höhe der entstandenen Kosten. Ausnahme: **Anschaffungsnaher Aufwand** von über 15 % der Anschaffungskosten des Gebäudes innerhalb der ersten drei Jahre nach der entgeltlichen Anschaffung ist den Herstellungskosten hinzuzurechnen und über die (Rest-)Nutzungsdauer der Ferienwohnung abzuschreiben.

Erhaltungsaufwand kann grundsätzlich als Werbungskosten **sofort abgezogen** werden. Sie können ihn alternativ **auf zwei bis fünf Jahre gleichmäßig verteilen**.

Ein Jahr nach dem Kauf Ihrer Ferienwohnung nehmen Sie umfangreichere Instandsetzungen/Modernisierungen vor. Für die Kosten von 8.000,– € haben Sie ein **Wahlrecht:**

- Den Betrag können Sie in einer Summe in Ihrer Steuererklärung 01 als Werbungskosten absetzen.
- Alternativ dürfen Sie die 8.000,– € auch in gleichen Jahresraten auf bis zu fünf Jahre verteilen. Das bedeutet: In den Steuererklärungen 01 bis 05 setzen Sie jeweils 1.600,– € als Erhaltungsaufwand an. Sie können stattdessen die Kosten auch nur auf zwei Jahre verteilen. Das entspricht für 01 und 02 jeweils 4.000,– €.

Wird dagegen bisher **Nichtvorhandenes** in das Gebäude eingefügt (z.B. bei Einbau eines zusätzlichen Badezimmers oder bei Ausbauten) oder wird das Mietobjekt über seinen ursprünglichen Zustand hinaus wesentlich verbessert, liegt Herstellungsaufwand vor. Da dieser – anders als Erhaltungsaufwand – nur über die Jahre verteilt abgeschrieben werden kann, ist die Unterscheidung zwischen Erhaltungsaufwand und Herstellungsaufwand besonders wichtig.

Die Kosten für die folgenden Baumaßnahmen sind Erhaltungsaufwand

- Der Austausch von Fenstern und Türen;
- die Neueindeckung des Daches;
- der Austausch der Heizungsanlage;
- der nachträgliche Einbau einer Solaranlage bei bereits vorhandener und voll funktionsfähiger Gaswärmeversorgung (BFH-Urteil vom 14.7.2004, IX R 52/02, BStBl. 2004 II S. 1471);
- vom Mieter nicht durchgeführte Schönheitsreparaturen;
- die Erneuerung der Elektroinstallationen;
- der nachträgliche Kabelanschluss;

- die Renovierung des Badezimmers, also das Anbringen neuer Fliesen, die Erneuerung der Badewanne, des Waschbeckens etc.;
- neuer Fußbodenbelag;
- die Erneuerung des **Hausanstrichs,** das Anbringen einer zusätzlichen **Fassadenverkleidung** – also die nachträgliche Eternitverkleidung des Gebäudes (BFH-Urteil vom 13.3.1979, VIII R 83/77, BStBl. 1979 II S. 435) – oder bei einer schadhaften Außenfassade die Erneuerung der Isolierung durch Hartschaumplatten und Sparverblender/Klinker (BFH-Urteil vom 19.6.1991, IX R 195/87, BFH/NV 1991 S. 812);
- der Austausch von **Türschlössern** gegen Sicherheitsschlösser (BFH-Urteil vom 2.2.1990, III R 188/85, BFH/NV 1990 S. 732);
- der Einbau neuer Gegenstände in bereits vorhandene Installationen, zum Beispiel eine neue **Türsprechanlage** bei schon vorhandener Elektroleitung (BFH-Urteil vom 20.8.2002, IX R 98/00, BStBl. 2003 II S. 604);
- der Einbau messtechnischer Anlagen zur verbrauchsabhängigen Abrechnung von Heiz- und Warmwasserkosten;
- die Kosten der Schwammbeseitigung;
- zusätzliche Gebäudebestandteile, wenn sie dem Gebäude nur deshalb hinzugefügt werden, um einen bereits eingetretenen Schaden zu beseitigen oder einen konkret drohenden Schaden abzuwenden (z.B. die Anbringung einer **Betonvorsatzschale** zur Trockenlegung der durchfeuchteten Fundamente oder die **Überdachung von Wohnungszugängen** oder einer **Dachterrasse** mit einem Glasdach zum Schutz vor weiteren Wasserschäden; BMF-Schreiben vom 18.7.2003, BStBl. 2003 I S. 386).

Grundsätzlich gehören alle Renovierungs- und Modernisierungsaufwendungen zum **Erhaltungsaufwand** und können sofort in der Steuererklärung geltend gemacht werden – unabhängig davon, ob die Baumaßnahmen direkt nach dem Kauf einer Ferienwohnung durchgeführt werden oder erst Jahre später.

Ausnahme: Die Renovierungskosten liegen innerhalb der ersten **drei Jahre** nach der entgeltlichen Anschaffung Ihrer Ferienwohnung zusammengerechnet **über 15 % der Anschaffungskosten** des Gebäudes (ohne Grund und Boden). Dabei wird die Umsatzsteuer nicht mitgerechnet.

Konsequenz in diesem Fall: Ihre Aufwendungen gelten nachträglich als »**anschaffungsnaher Herstellungsaufwand**« (§ 6 Abs. 1 Nr. 1a EStG) und müssen über die gesamte (Rest-)Nutzungsdauer des Gebäudes abgeschrieben werden.

Sie kaufen für 300.000,– € eine 20 Jahre alte Immobilie und vermieten sie. Auf den Grund und Boden entfallen 20 % des Kaufpreises. Die Anschaffungskosten des Gebäudes betragen also 240.000,– €. Ihre Renovierungskosten (ohne Umsatzsteuer) sollten maximal 36.000,– € (= 15 % von 240.000,– €) betragen.

Fall A: Ihre Renovierungskosten betragen einschließlich 19 % Umsatzsteuer 41.650,– € und ohne Umsatzsteuer 35.000,– €.

Da die Renovierungskosten ohne Umsatzsteuer unter 36.000,– € liegen, dürfen Sie bei Vermietung die gesamten Kosten von 41.650,– € in Ihrer Steuererklärung als **Erhaltungsaufwand** absetzen (§ 6 Abs. 1 Nr. 1a EStG). Bei einem Steuersatz von 30 % sparen Sie durch den Sofortabzug 12.495,– € (= 30 % von 41.650,– €) Steuern.

Fall B: Die Renovierungskosten betragen mit 19 % Umsatzsteuer 47.600,– € und ohne Umsatzsteuer 40.000,– €.

Die Renovierungskosten ohne Umsatzsteuer sind höher als 15 % der Anschaffungskosten des Gebäudes und gehören deshalb zum **anschaffungsnahen Herstellungsaufwand.** Konsequenz: Der Herstellungsaufwand wird den Gebäude-Anschaffungskosten hinzugerechnet und bei Vermietung mit diesen zusammen abgeschrieben.

Die jährliche Abschreibung beträgt 2 % von (240.000,– € + 47.600,– €) = 5.752,– € und läuft über 50 Jahre. Bei einem 30 %igen Steuersatz bringen die **nachträglichen Herstellungskosten** eine jährliche Steuerersparnis von 285,60 € (= 47.600,– € × 2 % × 30 %).

5.5 Erschließungs- und Anschlusskosten

Aufwendungen für die Erneuerung der **bereits vorhandenen** Erschließungs- und Versorgungseinrichtungen sind grundsätzlich als Erhaltungsaufwand sofort abzugsfähig. Anders ist es bei den Beiträgen für die Finanzierung **erstmals** durchgeführter Erschließungsmaßnahmen: Sie gehören zu den Herstellungskosten und können jedes Jahr nur anteilig mit der Ferienwohnung abgeschrieben werden.

5.6 Finanzierungskosten (Geldbeschaffungskosten)

Alle Finanzierungskosten (= Geldbeschaffungskosten) sind als Werbungskosten sofort abzugsfähig. Voraussetzung dafür ist allerdings, dass Sie das erhaltene Fremdkapital **unmittelbar** für Ihre Ferienwohnung verwenden.

Sie können das **Darlehen** einsetzen für die Finanzierung

- der Anschaffungskosten eines unbebauten Grundstücks,
- der Anschaffungs-/Herstellungskosten beim Kauf/Bau der Ferienwohnung,
- der Grunderwerbsteuer,
- der Herstellungskosten bei Ausbauten/Erweiterungen,
- der Aufwendungen für Instandhaltung und Modernisierung,
- der laufenden Nebenkosten.

Gefördert werden die **erstmalige Finanzierung** dieser Kosten und die **Umschuldung** eines Darlehens, wenn die Kreditmittel ursprünglich für eine vermietete Immobilie verwendet wurden.

Das sind die sofort abzugsfähigen Finanzierungskosten

- Die Abschlussgebühr für einen Bausparvertrag;
- das Damnum/Disagio;
- Aufwendungen für Fachliteratur, in der es um die Finanzierungsmöglichkeiten von Haus- und Grundbesitz geht;
- alle **Fahrtkosten** im Zusammenhang mit der Finanzierung, also die Aufwendungen
  - für Fahrten zu Banken, (Bau-)Sparkassen und Versicherungsgesellschaften,
  - für Fahrten zum Notar zwecks Eintragung einer Hypothek oder Grundschuld,
  - für Fahrten zum eventuell vorhandenen Baubetreuer, wenn Fragen der Finanzierung und nicht der Herstellung geklärt werden müssen;
- die Kosten für die Erstellung eines computergestützten Finanzierungsplans durch die Bank oder ein Beratungsbüro;
- die Kosten für Fotokopien – zum Beispiel für die Herstellung der Beleihungsunterlagen;
- alle **Gebühren** der Banken oder (Bau-)Sparkassen für die Darlehensvergabe, zum Beispiel:
  - Vermittlungsgebühren und Provisionen im Zusammenhang mit der Darlehensvergabe (Gebühren für die Vermittlung des Grundstücks zählen zu den Anschaffungskosten);
  - Wertberechnungsgebühren und Schätzkosten;
  - allgemeine Bearbeitungsgebühren;
- die Gebühren des Grundbuchamtes für die Eintragung des Baudarlehens;

- die Maklergebühren für die Vermittlung eines Baudarlehens;
- die Notarkosten für die Eintragung einer Hypothek oder Grundschuld; lassen Sie sich hierfür am besten eine eigene Gebühren- bzw. Honorarabrechnung ausstellen;
- die Portokosten – zum Beispiel für die Korrespondenz mit der Bank;
- alle Schuldzinsen;
- alle Telefonkosten im Zusammenhang mit der Finanzierung, also insbesondere für Anrufe bei Banken etc.

5.7 Grundbuchgebühren

Gebühren des Grundbuchamtes

- für die Eintragung einer **Grundschuld** sind als Finanzierungskosten sofort abziehbar;
- für die Eintragung des **Eigentümerwechsels** sind Anschaffungskosten des Grund und Bodens (beim Kauf eines unbebauten Grundstücks) bzw. Anschaffungskosten des bebauten Grundstücks (beim Ferienwohnungskauf).

5.8 Heizungsanlage

Die Aufwendungen rund um die Heizung sind Werbungskosten, wenn das Haus bereits beheizbar ist und nicht zusätzlich eine selbstständig funktionsfähige Heizquelle geschaffen wird. Zum sofort abzugsfähigen **Erhaltungsaufwand** gehören die Aufwendungen für die folgenden Maßnahmen:

- die Wartung, Reparatur oder umfassende Renovierung der Heizungsanlage;
- der Ersatz der gesamten alten Heizungsanlage durch eine neue, moderne Anlage der gleichen Art bzw. der Ersatz einzelner Anlagenteile (beispielsweise ein neuer Brenner);

- die Umstellung der Heizung auf eine andere Energiequelle (beispielsweise von Öl auf Gas), auch wenn die neue Anlage wertvoller ist als die alte oder die alte Anlage technisch noch nicht verbraucht war;
- der Ersatz von Einzelöfen durch eine Zentralheizung;
- die für eine neue Heizungsanlage notwendigen, aber bisher nicht vorhandenen Leitungen und Anlagenteile, zum Beispiel Verstärkung des Stromkabels für Nachtstrom-Speicheröfen oder Einbau des Öltanks bei Umstellung auf Ölzentralheizung;
- unseres Erachtens auch der Einbau zusätzlicher Heizkörper, wenn die bisher im gleichen Raum vorhandenen Heizkörper für die Beheizung des Raumes nicht ausreichten;
- der Einbau messtechnischer Anlagen zur verbrauchsabhängigen Abrechnung von Heiz- und Wasserkosten;
- der nachträgliche Einbau von Thermostatventilen, elektrischen Steuerungs- und Regelungseinrichtungen;
- der Einbau von Vorrichtungen, die eine bestehende Heizungsanlage ergänzen und für sich betrachtet keine zweite selbstständig funktionsfähige Heizungsanlage darstellen.

Erhaltungsaufwand ist nach dem Urteil des Niedersächsischen Finanzgerichts vom 15.1.1991, EFG 1991 S. 595 der Einbau eines **Festbrennstoffkessels** neben einer Ölzentralheizung, um das Gebäude zum Beispiel in der Übergangszeit auch mit Holz und anderen festen Brennstoffen beheizen zu können. Wird zur Ergänzung der bisherigen Heizungsanlage eine **Wärmepumpe** oder eine **Wärmerückgewinnungsanlage** installiert, dann sind entsprechend diesem Urteil auch die Aufwendungen hierfür Erhaltungsaufwand. Das Gleiche gilt für eine **Solaranlage** (BFH-Urteil vom 14.7.2004, IX R 52/02, BStBl. 2004 II S. 949).

In den folgenden Fällen gehören die Kosten für die Heizung zum **Herstellungsaufwand** und können nur zusammen mit dem Gebäude abgeschrieben werden:

- der **Einbau zusätzlicher Heizkörper** in einem vorher nicht beheizbaren Raum;
- der Ersatz eines offenen Kamins durch einen Kachelofen;
- der Einbau einer **zusätzlichen Heizquelle,** die selbstständig und unabhängig von der bestehenden Heizungsanlage funktioniert (etwa Kachelofen, Heizkamin, Warmluftkamin, Elektrospeicherofen).

5.9 Herstellungsaufwand (Herstellungskosten)

Herstellungsaufwand (Herstellungskosten) hat der **Bauherr** bei der Errichtung eines Gebäudes. Darüber hinaus nimmt die Finanzverwaltung Herstellungsaufwand an, wenn Sie Ihrer bestehenden Ferienwohnung **etwas Neues, bisher nicht Vorhandenes** hinzufügen. Herstellungskosten können Sie nicht sofort in der Steuererklärung absetzen, sondern müssen sie über die Nutzungsdauer des Ferienhauses abschreiben (meist sind das 50 Jahre).

Im Gegensatz dazu liegt sofort abzugsfähiger Erhaltungsaufwand vor, wenn etwas Bestehendes instand gesetzt oder modernisiert wird. In Einzelfällen werden aber auch Aufwendungen, die für sich betrachtet Erhaltungsaufwand sind, wie Herstellungskosten behandelt **(anschaffungsnaher Aufwand).** Das sind die Einzelheiten:

Die Aufwendungen für die folgenden Maßnahmen sind Herstellungskosten:

- die Schaffung **zusätzlicher Wohnfläche,** zum Beispiel durch Ausbau des Dachgeschosses oder des Kellers, durch Anbau eines Wintergartens, den Einbau von Dachgauben;
- die Schaffung **zusätzlicher Nutzfläche,** zum Beispiel Anbau von Garagen, Balkonen oder einer Terrasse;

- der Einbau von bisher nicht vorhandenen Rollläden, zusätzlichen Fenstern, zusätzlichen Wänden und Türen, Einbau einer Außentreppe, einer Alarmanlage, eines zusätzlichen Badezimmers oder einer zusätzlichen Dusche;
- die Anbringung einer bisher nicht vorhandenen Markise (BFH-Urteil vom 29.8.1989, IX R 176/84, BStBl. 1990 II S. 430);
- in ganz wenigen Ausnahmefällen die **Generalüberholung** eines Gebäudes, wenn dieses so sehr abgenutzt ist, dass es unbrauchbar und **baufällig** geworden ist **(Vollverschleiß);** die Instandsetzungs- und Modernisierungsarbeiten müssen so grundlegend sein, dass das Gebäude anschließend bautechnisch mit einem Neubau vergleichbar ist (BFH-Urteil vom 17.12.1997, X R 54/96, BFH/NV 1998 S. 841).

Bei Kosten für eine einzelne Baumaßnahme von maximal **4.000,– €** (Rechnungsbetrag ohne Umsatzsteuer) müssen Sie mit dem Finanzamt nicht darüber streiten, ob Herstellungsaufwand oder Erhaltungsaufwand vorliegt. Auf Ihren **Antrag** hin werden die Kosten als Erhaltungsaufwand behandelt, auch wenn tatsächlich Herstellungsaufwand vorliegt.

Und so **beantragen Sie den Werbungskostenabzug:** Tragen Sie Ihre Kosten in der **Anlage V** Ihrer Steuererklärung ein, und zwar in der Rubrik »Werbungskosten« (Zeile »Erhaltungsaufwendungen«) auf Seite 2.

5.10 Schuldzinsen

Schuldzinsen für ein Darlehen, das Sie **unmittelbar** für Ihren **vermieteten** Haus- und Grundbesitz eingesetzt haben (für den Bau, Kauf, Ausbau, Umbau oder die Renovierung), sind als Finanzierungskosten sofort abzugsfähig. Zu den Werbungskosten zählt aber nur der in den monatlichen Zahlungen enthaltene **Zinsanteil** und nicht der Tilgungsanteil.

Sofort abzugsfähig sind:

- Schuldzinsen für Grundschulddarlehen (von Banken, Bausparkassen und Versicherungsgesellschaften), für Bauspardarlehen, für Arbeitgeberdarlehen, für Verwandtendarlehen oder für öffentliche Darlehen;
- Erbbauzinsen;
- Zwischenfinanzierungszinsen der Bank, wenn Sie bereits vor Auszahlung des Darlehens Geld brauchen;
- Schuldzinsen für einen Auffüllungskredit oder die Vorfinanzierung eines angesparten Bausparvertrages;
- Bereitstellungszinsen;
- Verzugszinsen für eine nicht fristgerecht gezahlte Baurate.

Ebenfalls abziehbar sind Schuldzinsen, wenn Sie vereinbarungsgemäß einen Teil des Kaufpreises erst **nach dem wirtschaftlichen Übergang** des erworbenen Grundstücks bezahlen. In diesem Fall gewährt Ihnen der Verkäufer für den restlichen Kaufpreis faktisch einen Kredit, der mit dem Kauf des Mietobjekts zusammenhängt (BFH-Urteil vom 27.7.2004, IX R 32/01, BStBl. 2004 II S. 1002).

Vom Übergang von Besitz, Nutzen und Lasten eines Grundstücks bis zur Zahlung des Kaufpreises können einige Wochen oder gar Monate liegen, etwa um die Auflassungsvormerkung im Grundbuch einzutragen. Da lohnt es sich, den Vertrag so zu gestalten, dass die Schuldzinsen auf den Zeitraum **nach dem Gefahrenübergang** entfallen. In dem vom BFH am 27.7.2004 entschiedenen Fall wurde der Kaufpreis erst fällig, nachdem verschiedene grundbuchrechtliche Voraussetzungen erfüllt waren, unter anderem die Auflassungsvormerkung zugunsten des Käufers.

6 Verkauf der Ferienwohnung

Im Normalfall erzielen Sie mit Ihrer teilweise oder vollständig vermieteten Ferienwohnung Mieteinnahmen. Die Immobilie gehört dann zu Ihrem **Privatvermögen.** Veräußern Sie eine Ferienwohnung aus Ihrem Privatvermögen, ist ein eventuell entstehender Veräußerungsgewinn steuerpflichtig, wenn Sie Ihre Ferienwohnung innerhalb der **Spekulationsfrist** von zehn Jahren verkaufen. Wie in diesem Fall ein Verkauf besteuert wird, lesen Sie im folgenden Kapitel »Die selbst genutzte oder privat vermietete Ferienwohnung«.

Anders sieht es aus, wenn Sie Ihre Ferienwohnung **gewerblich** vermieten: Es gelten beim Verkauf der Immobilie die im Kapitel »Die gewerblich genutzte Ferienwohnung« dargestellten Regelungen.

6.1 Die selbst genutzte oder privat vermietete Ferienwohnung

6.1.1 Verkäufe innerhalb von zehn Jahren sind steuerpflichtig

- Der Gewinn aus dem Verkauf einer selbst genutzten oder privat vermieteten Wohnung ist als »privates Veräußerungsgeschäft« grundsätzlich steuerpflichtig – und zwar mit Ihrem ganz normalen Steuersatz –, wenn zwischen Kauf und Verkauf **weniger als zehn Jahre** liegen.

  Achtung: Eine ausschließlich **zu eigenen Wohnzwecken** genutzte Immobilie dürfen Sie steuerfrei verkaufen, auch wenn Sie diese beispielsweise nur ein oder zwei Jahre besessen haben. Diese Steuerfreiheit gilt auch **für Ihre selbst genutzte Ferienwohnung** (BFH-Urteil vom 27.6.2017, IX R 37/16, BFH/NV 2017 S. 1663).

  Begründung der Richter: Eine Nutzung zu eigenen Wohnzwecken setzt lediglich voraus, dass die Immobilie **zum Bewohnen geeignet** ist und vom Steuerpflichtigen auch bewohnt wird.

Dafür reicht es aus, wenn er die Immobilie **nur zeitweilig nutzt** und sie in der übrigen Zeit als Wohnung zur Verfügung steht. Es ist weder eine Nutzung als Hauptwohnung noch als Lebensmittelpunkt erforderlich.

Das bedeutet auch: Sie können **mehrere Wohnungen gleichzeitig** zu Wohnzwecken nutzen und bei einem Verkauf den Gewinn unter den beschriebenen Voraussetzungen steuerfrei kassieren.

Wichtig: Sie dürfen die **Kosten** in Zusammenhang mit dem Verkauf nur dann abziehen, wenn der **Verkauf steuerpflichtig** ist. Abziehbar sind dann zum Beispiel Maklergebühren, Kosten für Verkaufsinserate, eine eventuelle Vorfälligkeitsentschädigung.

Erzielen Sie mit Ihrem Ferienhaus einen **Veräußerungsverlust,** können Sie diesen mit anderen Veräußerungsgewinnen verrechnen.

- Wenn Sie Ihr Feriendomizil schon **länger als zehn Jahre** besitzen, ist der Verkauf **steuerfrei.** Das bedeutet: Sie dürfen den Veräußerungserlös in voller Höhe in die eigene Tasche stecken. Als Konsequenz daraus sind auch alle **Kosten,** die mit dem Verkauf zusammenhängen, steuerlich **nicht abziehbar.** Auch für einen eventuellen **Veräußerungsverlust** interessiert sich das Finanzamt nach mehr als zehn Jahren nicht.
- Der steuerpflichtige Veräußerungsgewinn erhöht sich beim Verkauf innerhalb von zehn Jahren um die seit dem Kauf in Anspruch genommenen **Abschreibungen** (§ 23 Abs. 3 Satz 4 EStG; § 52 Abs. 39 EStG). Das bedeutet: Die bereits vorgenommenen linearen oder degressiven Abschreibungen müssen Sie dem Veräußerungspreis wieder hinzuzählen. Verkaufen Sie beispielsweise eine Immobilie nur zum Kaufpreis, erzielen Sie dennoch einen steuerlichen Gewinn. Die Steuervorteile aus den Abschreibungen der vergangenen Jahre fließen dadurch wieder an das Finanzamt zurück.

6.1.2 So hoch ist Ihr Veräußerungsgewinn

Den Gewinn müssen Sie in dem Kalenderjahr versteuern, in dem Ihnen der **Veräußerungserlös zufließt.**

- Nicht zum steuerpflichtigen Veräußerungserlös gehört es, wenn Sie Einrichtungsgegenstände mit der Wohnung zusammen verkaufen. Viele Ferienwohnungen werden voll eingerichtet mit Möbeln, Geschirr, Bettwäsche und allem erforderlichen Zubehör verkauft, sodass der neue Eigentümer die Wohnung sofort nutzen oder vermieten kann. Bei solchen Einrichtungsgegenständen handelt es sich um Gegenstände des täglichen Bedarfs, deren Verkauf immer steuerfrei ist. Damit dieser Teil des Erlöses steuerfrei bleibt, muss im Kaufvertrag darüber separat eine Vereinbarung mit Preisfestlegung getroffen sein. Dabei darf der Preis nicht überhöht ausfallen (FG-Münster, 3.8.2020, 5 K 2493/18 E).
- Liegt der **Veräußerungsgewinn** in einem Kalenderjahr ausnahmsweise zusammen mit anderen Spekulationsgewinnen oder -verlusten (vor allem aus anderen Immobilienverkäufen) **unter 600,– €,** bleibt er in voller Höhe **steuerfrei.** In diesem Fall brauchen Sie die Anlage SO **nicht auszufüllen.**
- Veräußerungsgewinne von **600,– € und mehr** müssen wie »normale« andere Einkünfte in voller Höhe versteuert werden.

  Für den Veräußerungsgewinn gibt es keinen besonderen (ermäßigten) Steuersatz. Vielmehr wird dieser Gewinn genauso hoch versteuert wie Ihre sonstigen Einkünfte auch, also mit Ihrem **persönlichen Steuersatz.**

  Den Gewinn ermitteln Sie in der Anlage SO 2022 in den Zeilen 31 bis 39. In dem folgenden Berechnungsschema finden Sie die entsprechenden Zeilen der Anlage SO zur Erfassung der Daten.

So berechnen Sie Ihren Veräußerungsgewinn/-verlust

Veräußerungspreis (Zeile 35)[1]						____ €
./.	**Anschaffungskosten**					
	Kaufpreis		____ €			
	Anschaffungsnebenkosten (z.B. bei Kauf gezahlte Grunderwerbsteuer, Notargebühren)	+	____ €			
	(nachträgliche) Herstellungskosten	+	____ €			
	Summe der Anschaffungskosten (Zeile 36)	=	____ €	→	./.	____ €
./.	**Werbungskosten** im Zusammenhang mit der Veräußerung[2]					
	Kosten für Verkaufsinserate		____ €			
	Maklergebühren	+	____ €			
	Notarkosten	+	____ €			
	Grundbuchgebühren	+	____ €			
	Telefonkosten	+	____ €			
	Fahrtkosten (z.B. für Treffen mit potenziellen Käufern)	+	____ €			
	Schuldzinsen für die Zeit des Leerstehens[3]	+	____ €			
	Renovierungskosten[4]	+	____ €			
Summe der Werbungskosten (Zeile 38)		=	____ €	→	./.	____ €
Gewinn/Verlust aus der Veräußerung					=	____ €
+	**in Anspruch genommene Abschreibungen** (Zeile 37)				+	____ €
steuerlicher Veräußerungsgewinn/-verlust (Einkünfte) (Zeile 39)					=	____ €

1) Zeile in der **Anlage SO,** in der dieser Wert einzutragen ist. Alle Zeilenangaben beziehen sich auf die **Steuererklärung 2022.**

2) Die Werbungskosten sind auch abziehbar, wenn sie bereits in den Vorjahren gezahlt wurden (BFH-Urteil vom 17.7.1991, X R 6/91, BStBl. 1991 II S. 916).

3) Die **Schuldzinsen** dürfen nicht die Zeit der (beabsichtigten) Vermietung oder (beabsichtigten) privaten Nutzung betreffen (BFH-Urteil vom 12.12.1996, X R 65/95, BStBl. 1997 II S. 603).

4) **Renovierungskosten** sind nur abziehbar, wenn die Arbeiten zu einem Zeitpunkt durchgeführt werden, in dem die Ferienwohnung nicht mehr genutzt wird, und Sie deshalb renovieren, um die Immobilie besser verkaufen zu können.

6.1.3 So berücksichtigen Sie Ihren Veräußerungsverlust

Einen eventuellen Verlust aus Ihrem Ferienwohnungsverkauf tragen Sie auf der Rückseite der **Anlage SO** 2022 in die Zeile 39 ein.

Dieser Veräußerungsverlust ist im gleichen Jahr **nur mit eventuellen Veräußerungsgewinnen** – vor allem aus anderen Immobilien – verrechenbar, jedoch nicht mit anderen Einkünften wie zum Beispiel Vermietungseinkünften oder Einkünften aus nichtselbstständiger Arbeit.

Ist der **Saldo** aus den Spekulationsgewinnen bzw. -verlusten eines Kalenderjahres **negativ,** können Sie diesen saldierten Spekulationsverlust

- auf das Vorjahr **zurücktragen** und/oder
- auf zukünftige Jahre **vortragen**
- und in diesen Jahren mit eventuell vorhandenen steuerpflichtigen Veräußerungsgewinnen aus Immobilienverkäufen **verrechnen.**

Ist beides nicht möglich, können Sie Ihren Verlust nicht abziehen und müssen ihn alleine tragen.

Verlustrücktrag

- Beim Verlustrücktrag können Sie einen Spekulationsverlust beispielsweise aus dem Jahr 02 mit dem Spekulationsgewinn aus dem Jahr 01 verrechnen. Keine Rolle spielt dabei, ob der Steuerbescheid 01 bestandskräftig ist.
- Ob und wie viel vom Verlust in das Vorjahr zurückgetragen werden soll, können Sie selbst bestimmen. Dafür gibt es in der Anlage SO 2022 die Zeile 52. Dort können Sie die **Höhe des Verlustrücktrags begrenzen.** Dazu müssen Sie den gewünschten

Betrag eintragen. Wenn Sie das nicht tun, verrechnet das Finanzamt Ihre Spekulationsverluste automatisch mit eventuell entstandenen Spekulationsgewinnen aus dem Vorjahr.

Wollen Sie **keinen Verlustrücktrag,** weil Sie mit dem Verlust Ihre Gewinne aus privaten Veräußerungsgeschäften in den Folgejahren ausgleichen wollen, dann tragen Sie in Zeile 52 der Anlage SO 2022 den Betrag 0,– € ein.

- Die **Höhe des Rücktrags** können Sie beim Ausfüllen der Steuererklärung selbst bestimmen. Dabei gibt es aber einen Haken: Die **Freigrenze** wird nur auf den Gesamtgewinn **vor Verlustvor- bzw. -rücktrag** geprüft. Konsequenz: Für das Jahr des Rücktrags bekommen Sie die Freigrenze von 600,– € nicht (BMF-Schreiben vom 25.10.2004, BStBl. 2004 I S. 1034; BFH-Urteil vom 11.1.2005, IX R 27/04, BStBl. 2005 II S. 433). Damit Ihr Spekulationsgewinn im Vorjahr völlig steuerfrei bleibt, müssen Sie mehr von Ihrem Verlust für den Rücktrag »opfern«.

  Beispiel: Im Jahr 01 haben Sie einen steuerpflichtigen Spekulationsgewinn von 1.000,– € erzielt, im Jahr 02 erleiden Sie dagegen einen Verlust von 3.000,– €.

  Wollen Sie den steuerpflichtigen Gewinn für 01 auf null reduzieren, müssen Sie aus 02 1.000,– € zurücktragen und nicht etwa nur 400,– € (= 1.000,– € abzüglich der Freigrenze von 600,– €). Der Verlustvortrag beträgt dann allerdings nur noch 2.000,– €.

Verlustvortrag

Wenn Sie den Verlustrücktrag nicht wünschen oder trotz Verlustrücktrags noch ein »verbleibender Verlust« übrig bleibt, können Sie die Spekulationsverluste zeitlich unbegrenzt **vortragen.** In diesem Fall läuft die Verlustverrechnung in den Folgejahren automatisch ab: Das Finanzamt erteilt Ihnen einen »Bescheid über den verbleibenden Verlust«. Sie sind dann verpflichtet, in allen folgenden Kalenderjahren eine Einkommensteuererklärung abzugeben. Sobald in den Folgejahren der Gesamtgewinn eines Kalenderjahres mindestens 600,– € beträgt, wird dieser Gewinn mit den alten Verlusten verrechnet. **Nachteil:** In den Jahren des Verlustvortrags können Sie leider nicht mehr bestimmen, wie viel vom Verlust verrechnet werden soll.

Im Jahr 01 haben Sie Spekulationsgewinne von 2.000,– € erzielt, dagegen haben Sie im Jahr 02 einen Verlust von 4.000,– € eingefahren. Wenn Sie von diesem Verlust 2.000,– € nach 01 **zurücktragen,** erstattet Ihnen das Finanzamt einen Steuersatz von 40 %, also 800,– € der bereits gezahlten Steuern.

Die übrigen 2.000,– € des Verlusts **tragen Sie** in das Jahr 03 oder spätere Jahre **vor.** Wie viel des Verlusts auf die einzelnen Jahre ab 03 entfällt, können Sie nicht festlegen.

6.2 Die gewerblich genutzte Ferienwohnung

Die gewerblich genutzte Ferienwohnung wird nach anderen Regelungen als das selbst genutzte oder privat vermietete Objekt besteuert. Hier gibt es **keine Spekulationsfrist.** Vielmehr muss ein **Veräußerungsgewinn** (Veräußerungserlös ./. Restbuchwert bei Veräußerung ./. Veräußerungskosten) bei gewerblichen Einkünften immer mit dem individuellen Steuersatz versteuert werden. Der Gewinn ist grundsätzlich **einkommen- und gewerbesteuerpflichtig.**

Häufig werden Ferienwohnungen zu einem recht hohen Preis erworben, sodass bei einem Verkauf auch ein **Verlust** entstehen kann. Dann haben gewerbliche Einkünfte den Vorteil, dass Sie diesen Verlust mit anderen positiven steuerlichen Einkünften – etwa aus nichtselbstständiger Tätigkeit – ausgleichen können.

6.2.1 Freibetrag bei Verkauf (Betriebsaufgabe)

Ein Veräußerungsgewinn kann unter folgenden **persönlichen Voraussetzungen** steuerfrei bleiben, wenn Sie Ihre letzte bzw. einzige Ferienwohnung verkaufen:

- Sie sind bei der Betriebsaufgabe mindestens 55 Jahre alt **oder** im sozialversicherungsrechtlichen Sinn dauernd berufsunfähig.
- Sie haben den Freibetrag bisher noch nicht in Anspruch genommen.
- Sie beantragen den Freibetrag in Ihrer Steuererklärung.

In diesem Fall liegt eine »**Betriebsaufgabe**« vor – und die wird steuerlich gegenüber einer »normalen« Veräußerung begünstigt. Ein Veräußerungsgewinn wird nämlich bei der Betriebsaufgabe nur besteuert, wenn er den **Freibetrag von 45.000,– €** übersteigt.

Den Freibetrag müssen Sie in Ihrer Steuererklärung des Aufgabejahres in der **Anlage G beantragen,** indem Sie den Aufgabegewinn vor Abzug des Freibetrags in der entsprechenden Zeile des Formulars eintragen: »Veräußerungsgewinn, für den der Freibetrag nach § 16 Abs. 4 EStG ... beantragt wird«. Da der Antrag auf die Gewährung des Steuerfreibetrags nicht form- oder fristgebunden ist, muss er nicht zwingend schon in der Steuererklärung gestellt werden. Solange der Einkommensteuerbescheid noch nicht bestandskräftig ist, kann der Antrag auch noch später nachgeholt oder auch zurückgenommen werden, beispielsweise im Einspruchsverfahren oder im Klageverfahren vor dem Finanzgericht.

Wichtig: Bei der **Gewerbesteuer** ist der Veräußerungsgewinn im Rahmen einer Betriebsaufgabe komplett steuerfrei.

6.2.2 Ermäßigter Steuersatz bei Verkauf

Um die mit dem progressiven Steuertarif verbundene Mehrbelastung zu mildern, wird der Verkauf (die »Betriebsaufgabe«) ermäßigt besteuert, und zwar nur mit 56 % Ihres durchschnittlichen Steuersatzes (§ 34 Abs. 3 EStG). Damit zahlen Sie auf den steuerpflichtigen Aufgabegewinn nur gut die Hälfte der normalerweise anfallenden Steuern.

Hierbei gilt aber ein **Mindeststeuersatz** in Höhe des tariflichen Eingangssteuersatzes. Dieser Satz hängt vom jeweiligen Steuertarif ab, der im Jahr der Betriebsaufgabe gilt. Der Eingangssteuersatz liegt 2021 und 2022 bei 14 %. Mit diesem Satz wird also jeder Aufgabegewinn mindestens besteuert, auch wenn der auf 56 % ermäßigte durchschnittliche Steuersatz niedriger wäre.

Die **persönlichen Voraussetzungen** für den ermäßigten Steuersatz sind die gleichen wie für den Freibetrag. Der Steuerfreibetrag und der ermäßigte Steuersatz sind jedoch nicht miteinander gekoppelt, können also unabhängig voneinander beantragt werden. Sie können beispielsweise für einen Aufgabegewinn den Freibetrag beantragen, auf den ermäßigten Steuersatz aber verzichten, oder auch umgekehrt.

Und so **berechnet** man den ermäßigten Steuersatz:

Sie verkaufen Ihre einzige gewerblich genutzte Ferienwohnung und erzielen dabei einen Veräußerungs-/Aufgabegewinn von 62.000,– €. Für diesen Verkauf beantragen Sie sowohl den **Freibetrag** als auch den **ermäßigten Steuersatz.**

Nach Abzug des Steuerfreibetrags von 45.000,– € bleibt ein steuerpflichtiger Aufgabegewinn von 17.000,– €. Aufgrund weiterer Einkünfte (nichtselbstständige Arbeit und Kapitalvermögen) ergibt sich ein durchschnittlicher Steuersatz von 40 %.

Welcher Steuersatz ist anzuwenden?

56 % des durchschnittlichen Steuersatzes von 40 % = 22,4 %.

Steuerbelastung des Aufgabegewinns (nur ESt, ohne KiSt):

22,4 % von 17.000,– € = 3.808,– €

Ohne die Steuerermäßigung wäre der Aufgabegewinn je nach Höhe der sonstigen Einkünfte mit 40 % oder mehr zu versteuern, maximal mit dem Spitzensteuersatz. Die Einkommensteuerbelastung daraus würde mindestens 6.800,– € betragen (40 % von 17.000,– €).

Den **Antrag** auf die Steuervergünstigung stellen Sie normalerweise in Ihrer Steuererklärung. Tragen Sie dazu in der **Anlage G** den Aufgabegewinn (vor Abzug des Freibetrags) in die entsprechende Zeile ein: »In Zeile ... enthaltener Veräußerungsgewinn, für den der ermäßigte Steuersatz des § 34 Abs. 3 EStG wegen dauernder Berufsunfähigkeit oder Vollendung des 55. Lebensjahres beantragt wird.« Sie können diesen Antrag aber bei Bedarf auch noch später nachholen oder auch wieder zurücknehmen, solange Ihr Einkommensteuerbescheid noch nicht bestandskräftig ist.

Da Ihnen der Freibetrag und die Vergünstigung des halben Steuersatzes **nur einmal im Leben** gewährt werden, sollten Sie sich gut überlegen, wann Sie die Vergünstigung in Anspruch nehmen.

7 Sonstige Steuern bei einer Ferienwohnung

Genauso wie beim »normalen« Haus- und Grundbesitz müssen Sie auch für Ihre Ferienwohnung beim Erwerb **Grunderwerbsteuer** zahlen bzw. Jahr für Jahr **Grundsteuer** entrichten.

Besonderheiten bei der Ferienwohnung gibt es aber hinsichtlich der Zweitwohnungssteuer, der Umsatzsteuer und der Gewerbesteuer.

7.1 Zweitwohnungssteuer

Als Eigentümer einer Ferienwohnung werden Sie in fast allen Bundesländern mit der Zweitwohnungssteuer belastet. Erhoben wird diese Steuer unmittelbar **von den Gemeinden.** Sie verfolgen damit vorrangig zwei Ziele. Erstens wollen sie von den **direkten Einnahmen** profitieren. Zweitens erhoffen sie sich höhere **Schlüsselzuweisungen.** Das sind Mittel, die das Bundesland für jeden mit Hauptwohnsitz gemeldeten Bürger an die Kommune überweist.

Rechtsgrundlage für die Zweitwohnungssteuer ist eine Satzung, die jede Gemeinde frei gestalten kann. Die meisten Regelwerke stützen sich auf Mustersatzungen, die kommunale Spitzenverbände veröffentlicht haben. Aus diesem Grund weisen viele Satzungen Parallelen auf oder sind sogar inhaltsgleich. Dieser Beitrag konzentriert sich auf solche Gemeinsamkeiten. Leider ist es nicht möglich, auf Besonderheiten einzelner Gemeinden einzugehen.

Die folgenden Aussagen sind deswegen nur als erste Anhaltspunkte zu verstehen. Bevor Sie sich gegenüber Ihrer Gemeinde auf die hier dargestellte Rechtssituation berufen, sollten Sie **stets prüfen oder prüfen lassen,** ob sie sich mit der für Sie gültigen Satzung deckt.

Wenn Sie sich zum Bau oder Erwerb einer Ferienwohnung entschließen, sollten Sie sich bei der zuständigen Gemeinde darüber informieren, ob eine solche Zweitwohnungssteuer erhoben wird und wie hoch diese ist. Viele Gemeinden veröffentlichen die Satzung auf ihrer **Internetseite.** Sie können auch im Bürgerbüro oder im Rathaus anrufen und um Zusendung der Satzung bitten.

- Auch für eine Ferienwohnung, die Sie **nur wenige Wochen im Jahr** nutzen, **darf die Gemeinde Zweitwohnungssteuer erheben.** Denn für die Zweitwohnungssteuer kommt es nicht darauf an, wie lange Sie Ihr Urlaubsdomizil tatsächlich nutzen, sondern wie viel Zeit Sie dort theoretisch verbringen könnten. Unerfreuliche Konsequenz: Wenn Sie nicht ausdrücklich auf die Möglichkeit der Selbstnutzung verzichtet haben, rechnen die **Leerstandszeiten** zur Selbstnutzung (BVerwG, Urteil vom 2.2.2006, 10 B 84.05, BFH-NV, Beilage 2006 S. 403).

  Das bedeutet leider: Wenn Sie die Ferienwohnung **zeitweise vermieten** und nur für einige Wochen im Jahr zu eigenen Wohnzwecken nutzen, wird Zweitwohnungssteuer fällig, und zwar in der Regel für den gesamten Erhebungszeitraum. Das gilt zumindest dann, wenn Sie aufgrund eines Vertrages **mindestens zwei Monate im Jahr** die Wohnung selbst nutzen dürfen (BVerwG, Urteil vom 26.9.2001, 9 C 1.01, NVwZ 2002 S. 728).

  Dagegen darf die gesamte jährliche Zweitwohnungssteuer **nicht** erhoben werden, wenn die Eigentümer die Ferienwohnung **nur für vier Wochen im Jahr selbst nutzen durften** (BVerwG, Urteil vom 30.6.1999, 8 C 6.98, NJW 2000 S. 375). Die Richter empfahlen der Gemeinde, die Steuer nur anteilig für die vertraglich vorgesehene Zeit der Eigennutzung zu berechnen oder in diesem Fall gänzlich auf die Erhebung der Zweitwohnungssteuer zu verzichten.

- Wenn Sie die Wohnung als **reine Geld- oder Vermögensanlage** erworben haben und nicht selbst nutzen, sondern **ausschließlich vermieten,** müssen Sie auch **keine Zweitwohnungssteuer** bezahlen. Selbst wenn die Ferienwohnung zeitweise leer steht, darf die Gemeinde nicht einfach unterstellen, dass Sie die Ferienwohnung selbst nutzen (BVerwG, Urteil vom 10.10.1995, 8 C 40.93, BStBl. 1996 II S. 37).

Das müssen Sie **nachweisen.** Dokumentieren Sie zum Beispiel, dass Sie die Immobilie ganzjährig zur Vermietung angeboten haben, oder lassen Sie sich eine Bestätigung darüber von Ihrem Verwalter ausstellen (BVerwG, Urteil vom 6.12.1996, 8 C 49.95, Deutsches Verwaltungsblatt 1997 S. 1058).

Ist die Wohnung an einen Dauermieter vermietet, wird allerdings bei diesem die Zweitwohnungssteuer kassiert.

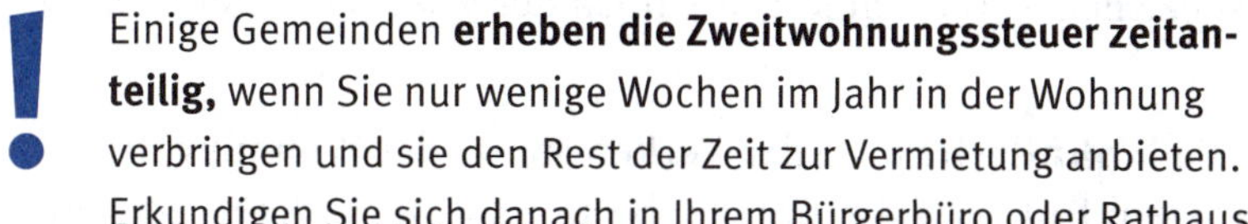

Einige Gemeinden **erheben die Zweitwohnungssteuer zeitanteilig,** wenn Sie nur wenige Wochen im Jahr in der Wohnung verbringen und sie den Rest der Zeit zur Vermietung anbieten. Erkundigen Sie sich danach in Ihrem Bürgerbüro oder Rathaus.

- Sieht Ihre Gemeinde keinen »Rabatt« vor und vermieten Sie die Ferienwohnung zeitweise, bleibt Ihnen der Werbungskostenabzug: Die auf die **Dauer der Vermietung** entfallende Zweitwohnungssteuer dürfen Sie abziehen als **Werbungskosten bei den Mieteinkünften.** Zweitwohnungssteuer, die auf Leerstandszeiten entfällt, dürfen Sie abziehen, wenn Sie die Wohnung für diese Zeit erfolglos zur Vermietung angeboten haben (BFH-Urteil vom 15.10.2002, IX R 58/01, BStBl. 2003 II S. 287).

So hoch ist die Zweitwohnungssteuer

Die Höhe der Zweitwohnungssteuer richtet sich nach den von Gemeinde zu Gemeinde unterschiedlich festgelegten Bemessungsgrundlagen und Steuersätzen. Folgende **Bemessungsgrundlagen** werden herangezogen:

- Die **tatsächliche oder geschätzte Miete.** Die Zweitwohnungssteuer beträgt je nach Gemeinde **zwischen 5 % und 20 % der Netto-Kaltmiete.** Ist keine oder eine verbilligte Netto-Kaltmiete vereinbart, ist die ortsübliche Miete die Bemessungsgrundlage.
- Manche Gemeinden greifen als Bemessungsgrundlage nicht auf die Netto-Kaltmiete, sondern auf die **Jahresrohmiete** zurück – eine Größe aus dem steuerlichen Bewertungsrecht. Jahres-

rohmiete ist die tatsächlich geleistete Miete inklusive der Nebenkosten – außer Kosten für Heizung, Warmwasserversorgung und Aufzugbetrieb. Ist keine oder eine verbilligte Miete vereinbart, ist die ortsübliche Jahresrohmiete die Bemessungsgrundlage.

Neben der tatsächlichen gibt es eine typisierende Jahresrohmiete, die ebenfalls von einigen Gemeinden als Bemessungsgrundlage verwendet wird. In diesen Fällen stellt das Finanzamt in einem speziellen Verfahren fest, wie hoch der Mietwert einer Wohnung ist.

- Die **Wohnfläche** oder der **Verkehrswert** der Wohnung. In diesem Fall beträgt die Steuer beispielsweise 5,– € pro Jahr und Quadratmeter oder 0,6 % des Verkehrswerts.
- **Nicht zulässig** ist es dagegen, eine Zweitwohnungssteuer nach dem **Einheitswert** der Immobilie zu erheben. Auch in diesem Bereich gilt das Urteil des Bundesverfassungsgerichts zur Anwendung der Einheitswerte als Besteuerungsgrundlage aus dem Jahr 2018 (BVerwG, Urteile vom 27.11.2019, I C 6.18, 9 C 7.18, 9 C 3.19 und 9 C 4.19). Gemeinden, die so die Zweitwohnungssteuer ermittelt haben, mussten ihre Satzungen aktualisieren.

Wenn **vertraglich** vereinbart ist, dass die eigene Nutzung der Zweitwohnung auf wenige Wochen im Jahr begrenzt ist, darf die Gemeinde die Zweitwohnungssteuer nur **zeitanteilig** erheben (BVerwG, Urteil vom 30.6.1999, 8 C 6.98, NJW 2000 S. 375).

Die Zweitwohnungssteuer wird in einigen Fällen ermäßigt

Einige Gemeinden haben eine **von der Nutzungsdauer abhängige** Steuerermäßigung in der Satzung festgeschrieben. Die gibt es aber nur, wenn vertraglich ausgeschlossen ist, dass Sie die Wohnung selbst nutzen. Die tatsächliche Nutzung spielt dabei keine Rolle. Denn die Zeiten, in denen Ihnen die Wohnung zur Verfügung stand, werden zu Ihren Lasten gerechnet – selbst wenn es sich um Leerstandszeiten handelt. Eine Steuerermäßigung kommt leider nicht infrage, wenn Sie die Wohnung den größten Teil des Jahres selbst nutzen und nur wenige Wochen oder Monate vermieten.

Darüber hinaus **kann** die Zweitwohnungssteuer zum Beispiel **ermäßigt werden**

- für Familien mit mehr als zwei Kindern,
- wenn Sie die Wohnung nur aus beruflichen Gründen bzw. zu Ausbildungszwecken nutzen, oder
- wenn Sie neben der Zweitwohnungssteuer auch noch eine **Kurabgabe (Kurtaxe)** zahlen müssen.

Einzelheiten zur Erhebung der Zweitwohnungssteuer und auch zur Ermäßigung entnehmen Sie bitte der **Satzung Ihrer Gemeinde** über die Erhebung einer Zweitwohnungssteuer.

7.2 Umsatzsteuer

7.2.1 Selbstnutzung und Dauervermietung sind steuerfrei

Grundsätzlich fällt bei **Selbstnutzung oder Dauervermietung** einer Wohnung bzw. eines Hauses **keine Umsatzsteuer** an. Ferienwohnungen unterscheiden sich hier nicht von allen anderen »normalen« Wohnungen und Häusern.

Aber: Die kurzfristige Vermietung ist steuerpflichtig

Bei kurzfristig vermieteten Ferienwohnungen muss jedoch eine Besonderheit beachtet werden: Die Umsatzsteuerbefreiung entfällt, wenn die Ferienwohnung zur kurzfristigen Beherbergung von Fremden bereitgehalten wird (§ 4 Nr. 12 UStG). Mit anderen Worten: Die durch die Vermietung an wechselnde Gäste erzielten Mieteinnahmen unterliegen grundsätzlich der Umsatzsteuer. Für Sie als »umsatzsteuerlicher Unternehmer« ist das mit zusätzlicher Bürokratie verbunden: Sie müssen nicht nur die jährliche **Umsatzsteuer-Erklärung,** sondern auch eine **monatliche Umsatzsteuer-Voranmeldung** abgeben.

Das sind die **Konsequenzen der umsatzsteuerpflichtigen Vermietung:**

- Einerseits müssen Sie die vom Mieter erhaltene Umsatzsteuer an das Finanzamt abführen. Andererseits können Sie jedoch die in den Rechnungen ausgewiesene und von Ihnen bezahlte Umsatzsteuer für Aufwendungen, die die vermietete Wohnung betreffen, als **Vorsteuer** abziehen. An das Finanzamt müssen Sie deshalb immer nur die Differenz zwischen der erhaltenen und der geleisteten Umsatzsteuer abführen.
- Tatsächlich haben viele Vermieter mit der Umsatzsteuer jedoch nichts zu tun. Denn: Sie sind von der insbesondere bei geringen Umsätzen sehr lästigen Umsatzsteuerpflicht **befreit,** wenn Ihre Umsätze bestimmte Grenzen nicht übersteigen. Wenn der Umsatz zuzüglich der Umsatzsteuer **im vorangegangenen Jahr 22.000,– €** nicht überstiegen hat und **im laufenden Jahr voraussichtlich 50.000,– €** nicht übersteigen wird, müssen Sie keine Umsatzsteuer erheben (§ 19 Abs. 1 UStG; »**Kleinunternehmerregelung**«).

  Das bedeutet: Sie verlangen von Ihren Mietern keine Umsatzsteuer, dürfen aber auf der anderen Seite auch die in den Aufwendungen für die Ferienwohnung enthaltene Umsatzsteuer nicht als Vorsteuer geltend machen.

Um die Kleinunternehmerregelung in Anspruch zu nehmen, müssen Sie nichts beantragen; sie ist bei geringen Umsätzen der gesetzliche »Normalfall«. In den meisten Vermietungsfällen ist das die steuerlich sinnvolle Lösung.

- Wenn Sie eine Ferienwohnung als Bauherr selbst erstellen oder von einem Unternehmer erwerben, der zum Ausweis der Umsatzsteuer berechtigt ist, fallen oft sehr hohe Vorsteuerbeträge an, die die Umsatzsteuer auf die Erträge bei Weitem übersteigen. In diesem Fall können Sie **zur Regelbesteuerung optieren** (§ 19 Abs. 2 UStG).

Das bedeutet: Sie müssen von Ihren Mietern Umsatzsteuer verlangen, können dann aber die gesamte in den Aufwendungen für das Gebäude enthaltene Umsatzsteuer als Vorsteuer geltend machen. Die Differenz zwischen der Vorsteuer und der Umsatzsteuer wird Ihnen vom Finanzamt erstattet.

Wichtig: Bedenken Sie aber, dass Sie an Ihren Antrag für die Regelbesteuerung **fünf Jahre lang gebunden** sind. Der Status des regelbesteuerten Unternehmers endet nicht automatisch mit Ablauf des Fünf-Jahres-Zeitraumes. Erforderlich ist in jedem Fall der Widerruf der Option zur Regelbesteuerung gegenüber dem Finanzamt.

Die Bindungsdauer von fünf Jahren gilt nur dann, wenn Sie auf den Sonderstatus des Kleinunternehmers freiwillig verzichtet haben, also zur Regelbesteuerung optiert haben. Beruht der Wechsel zur Regelbesteuerung dagegen darauf, dass die zulässige Jahres-Umsatzgrenze überschritten wurde, können Sie zur Kleinunternehmer-Regelung zurückkehren, sobald Ihr Vorjahresumsatz das ermöglicht.

Bei Steuerpflicht sind Konsequenzen für die Selbstnutzung möglich

Falls Sie sich entschlossen haben, für die Anwendung der **Regelbesteuerung** zu optieren, hat dies auch **Konsequenzen** für die Zeiten, in denen Sie die Ferienwohnung **selbst nutzen.** Die Selbstnutzung wird als sogenannter »**Verwendungseigenverbrauch**« behandelt. Das bedeutet: Für diese Zeit müssen Sie **Umsatzsteuer** an das Finanzamt abführen.

Im Gegenzug können Sie für die gesamten Aufwendungen **Vorsteuer** abziehen. Für Sie ergeben sich durch den Vorsteuerabzug **hohe Liquiditätsvorteile.**

Herr Urlaubsreif ist Eigentümer einer Ferienwohnung im Schwarzwald. Der Vermittler hat diese Ferienwohnung für 75 Tage im Jahr vermietet. Für 25 Tage wird die Wohnung von der Familie Urlaubsreif selbst genutzt.

Zunächst einmal unterliegen die tatsächlichen Mieteinnahmen der Umsatzsteuer. Außerdem muss die Familie Urlaubsreif **für die Selbstnutzung Umsatzsteuer zahlen** (Erlass der Senatsverwaltung für Finanzen Berlin vom 12.1.2005, DStR 2005 S. 785).

Für die **Berechnung der Umsatzsteuer** kommt es auf das Verhältnis der tatsächlich vermieteten Tage zu den tatsächlich selbst genutzten Tagen an. Anders als bei der Einkommensteuer werden die Zeiten des Leerstehens weder der Vermietungszeit noch der Zeit der Selbstnutzung zugerechnet (BMF-Schreiben vom 15.2.1994, BStBl. 1994 I S. 195 und BMF-Schreiben vom 13.4.2004, BStBl. 2004 I S. 468).

Die Familie Urlaubsreif verwendet ihre Ferienwohnung zu 25 % für private Zwecke. Als **Bemessungsgrundlage für die Umsatzsteuer** werden nicht fiktive Mieteinnahmen herangezogen, sondern die gesamten Haus- und Grundstückskosten, für die der **Vorsteuerabzug möglich** ist. Dazu zählt auch die **Abschreibung.** Für 25 % der Haus- und Grundstückskosten muss die Familie Urlaubsreif Umsatzsteuer zahlen.

Nachteil: Privatnutzung wird besteuert

Die Vorteile des höheren Vorsteuerabzugs reduziert der Fiskus aber erheblich. Denn für Gebäude, die **nach dem 30.6.2004 angeschafft oder fertiggestellt** wurden bzw. werden, ist der Eigenverbrauchsbesteuerung eine jährliche Abschreibung von **10 %** zugrunde zu legen. Diese Zahl ergibt sich aus dem »Vorsteuerberichtigungszeitraum« von zehn Jahren (BMF-Schreiben vom 13.4.2004, BStBl. 2004 I S. 468).

Das bedeutet für Sie: Bei einem steuerpflichtig vermieteten Ferienhaus mit einem Wert von 100.000,– € wird der Eigenverbrauch auf Basis einer jährlichen Abschreibung von 10.000,– € (= 10 % von 100.000,– €) berechnet.

Familie Urlaubsreif hat Anfang des Jahres 01 ein Ferienhaus zum Kaufpreis von 150.000,– € plus Umsatzsteuer sowie Grund und Boden erworben. Die Familie will dieses Haus jeweils kurzfristig an zahlende Feriengäste vermieten. Die Anschaffungskosten muss sie gleichmäßig auf die Jahre 01 bis 10 verteilen, das entspricht 15.000,– € jährlich.

7.2.2 Sie lassen Ihr Ferienhaus durch einen Unternehmer vermieten

Wenn Sie sich nicht selbst um Mieter für Ihr Ferienhaus kümmern, sondern ein Unternehmen (Vermietungsagentur) damit beauftragen, passiert bei der Umsatzsteuer Folgendes: Es wird so getan, als würden Sie als Wohnungseigentümer eine Vermietungsleistung an die Agentur erbringen und die Agentur ihrerseits fiktiv die gleiche Vermietungsleistung an den Feriengast weitergeben (**»Leistungsverkaufskommission«**).

Ein privater Vermieter beauftragt die Agentur German Holidays, in ihrem Namen, aber für seine Rechnung, dessen Ferienwohnung zu vermieten. Als Gegenleistung für ihre Tätigkeit erhält die Agentur einen Teil der Mieteinnahmen.

Umsatzsteuerlich gilt der Vermieter als Unternehmer, der seine Wohnung kurzfristig an German Holidays vermietet. Die Agentur wiederum vermietet kurzfristig an die Endmieter. Beide Leistungen sind **umsatzsteuerpflichtig.** Es ergibt sich eine Kette gleichartiger Vermietungsleistungen. Der Vermieter rechnet gegenüber der Agentur genauso ab wie die Agentur gegenüber den Feriengästen, und zwar jeweils mit **7 % Umsatzsteuer**. **Vorteil:** Als Wohnungseigentümer dürfen Sie die **Vorsteuer** abziehen, die bei der Errichtung des Domizils anfällt.

7.2.3 Bei geänderter Gebäudenutzung ist Vorsteuer gefährdet

Wenn Sie ein Gebäude errichten, hängt der Vorsteuerabzug von der **Verwendungsabsicht** zum Anschaffungszeitpunkt ab:

- Wollen Sie umsatzsteuerpflichtige Umsätze erzielen, können Sie die in Rechnung gestellte Umsatzsteuer als Vorsteuer geltend machen.
- Planen Sie steuerfreie Umsätze, ist ein Vorsteuerabzug meist nicht möglich.
- Haben Sie nebeneinander steuerfreie und steuerpflichtige Umsätze, ist nur ein anteiliger Vorsteuerabzug möglich.

Aber oft kommt es nicht so wie geplant: Es ergeben sich Änderungen in Bezug auf die Umsätze. Das kann unter bestimmten Voraussetzungen dazu führen, dass der frühere Vorsteuerabzug korrigiert wird:

- Meistens wirkt sich diese Korrektur nachteilig für den Vermieter aus, das heißt, er muss Vorsteuer ans Finanzamt zurückzahlen;
- es gibt auch Fälle einer Korrektur zum Vorteil des Vermieters: Hier bekommt der Vermieter nachträglich Vorsteuer erstattet.

Bei Grundstücken überwacht der Fiskus den Vorsteuerabzug besonders lange, nämlich **zehn Jahre.** Sie dürfen zwar die Vorsteuer bereits während der Erstellung geltend machen, sobald die üblichen Voraussetzungen dafür erfüllt sind. »Verdienen« müssen Sie sich die Vorsteuer aber über einen Zeitraum von zehn Jahren. Mit anderen Worten: Ihnen steht für jedes Jahr nur ein Teil der geltend gemachten Vorsteuer zu.

Ändern sich aber die für den Vorsteuerabzug entscheidenden Verhältnisse, so wird der Vorsteuerabzug korrigiert (»**Vorsteuerberichtigung**«; § 15a UStG). Unangenehme Konsequenz: Sie müssen möglicherweise **hohe Beträge an das Finanzamt zurückzahlen.** Erst nach Ablauf der zehn Jahre können Sie das Gebäude anders nutzen, verkaufen oder ins Privatvermögen entnehmen, ohne dass das Ihren früheren Vorsteuerabzug in Gefahr bringt.

Grundstücke sind teuer und deshalb sind auch die Vorsteuerbeträge im Zusammenhang mit Kauf oder Errichtung eines Gebäudes sehr hoch. Das folgende, stark vereinfachte Beispiel macht die möglichen Größenordnungen deutlich.

Herr Maier kauft im November 01 ein Gebäude für 250.000,– € plus 47.500,– € Umsatzsteuer, das er ab Januar 02 umsatzsteuerpflichtig vermieten will. Da mit dem Gebäude im Jahr der Anschaffung zu 100 % umsatzsteuerpflichtige Umsätze erzielt werden, macht Herr Maier in seiner Umsatzsteuererklärung 01 47.500,– € als Vorsteuer geltend.

Ende 02 zieht der Mieter aus und Herr Maier kann ab Januar 03 nur noch umsatzsteuerfrei vermieten. Er muss deshalb die auf das Jahr 03 entfallende Vorsteuer von 4.750,– € (= 1/10 von 47.500,– €) über eine Vorsteuerberichtigung gemäß § 15a UStG ans Finanzamt zurückzahlen.

Falls es auch in den Jahren 04 bis 10 bei der umsatzsteuerfreien Vermietung bleibt, muss Herr Maier jedes Jahr weitere 4.750,– € Vorsteuer zurückzahlen. Im Endergebnis verbleibt ihm nur der anteilige Vorsteuerabzug von 4.750,– € für das erste Jahr mit umsatzsteuerpflichtiger Vermietung.

Wichtig: Eine (meist nachteilige) Vorsteuerberichtigung gibt es nicht nur für Anschaffungs- oder Herstellungskosten, sondern auch bei **Erhaltungsaufwendungen** (§ 15a Abs. 3 UStG).

Wann keine Vorsteuerkorrektur »droht«

Keine Vorsteuerkorrektur müssen Sie aber befürchten, wenn Sie die Ferienwohnung verkaufen und der Käufer die umsatzsteuerpflichtige

Vermietung fortsetzt. Denn dann handelt es sich um eine **Geschäftsveräußerung im Ganzen,** bei der keine Korrektur der Vorsteuer erforderlich wird (§ 1 Abs. 1a UStG i.V.m. § 15a Abs. 10 UStG).

Der BFH sieht auch dann eine Geschäftsveräußerung im Ganzen ohne Umsatzsteuerkorrektur, wenn der Käufer einem Umsatzsteuerausweis im Kaufvertrag nicht zugestimmt hatte, aber nach dem Verkauf nachweislich die umsatzsteuerpflichtige Vermietung der verkauften Wohnung als Ferienwohnung fortsetzte (BFH-Urteil vom 5.6.2014, V R 10/13, BFH/NV 2014 S. 1600).

Die Richter machten die Vorsteuerkorrektur zugunsten des Verkäufers nicht von der vertraglichen Vereinbarung, sondern vom **tatsächlichen Verhalten des Käufers** abhängig. Der Käufer hatte die Ferienwohnung nachweislich weiterhin vermietet. Für den Verkäufer bedeutete das, dass keine Vorsteuerkorrektur durchzuführen war. Nachteilig ist diese Entscheidung für Käufer gebrauchter Ferienwohnungen.

Nach § 15a Abs. 10 UStG läuft ein Käufer aber Gefahr, einen Teil der geltend gemachten Vorsteuer zurückzahlen zu müssen, wenn er die Ferienwohnung innerhalb von zehn Jahren nach der Anschaffung durch den vorherigen Besitzer verkauft, umsatzsteuerfrei vermietet oder selbst nutzt.

Möchten Sie Ihre umsatzsteuerpflichtig vermietete Ferienwohnung nach **weniger als zehn Jahren** wieder verkaufen, ersparen Sie sich teure Vorsteuerrückzahlungen, wenn der Käufer die Wohnung weiterhin vermietet und Umsatzsteuer abführt.

Als **Käufer** einer bisher vermieteten Ferienwohnung, die der vorherige Eigentümer weniger als zehn Jahre besessen hat, erkundigen Sie sich, wie hoch das Risiko der Vorsteuerkorrektur ist. Sind Sie nicht sicher, ob eine Vermietung bis zum Ablauf des zehnten Jahres nach der Vorsteuererstattung an den bisherigen Eigentümer erfolgt, kalkulieren Sie die Vorsteuerkorrektur bei der Kaufpreisverhandlung ein.

8 Haushaltsnahe Hilfen und Handwerkerleistungen

Von den Steuervorteilen für haushaltsnahe Hilfen können Sie auch als Eigentümer eines **selbst genutzten** oder **gemischt genutzten** Ferienhauses profitieren. Voraussetzung: Sie nehmen die **Dienste eines Unternehmens** in Anspruch oder beschäftigen eine **angestellte Hilfe** zum Beispiel für die Renovierung der Wohnung, für die Treppenhausreinigung oder für die Pflege des Gartens.

Ihre tarifliche Einkommensteuer ermäßigt sich

bei Handwerkerleistungen für Maßnahmen zur Renovierung, Modernisierung und Erhaltung von Wohnung und Garten
um 20 % der von Ihnen getragenen Aufwendungen, aber höchstens um 1.200,– €

bei sonstigen haushaltsnahen Arbeiten
(keine Handwerkerleistungen)

- um 20 % der von Ihnen getragenen Aufwendungen für eine haushaltsnahe Minijob-Kraft/kurzfristig angestellte Kraft, aber höchstens um 510,– €
- um 20 % der von Ihnen getragenen Aufwendungen für
  - eine sozialversicherungspflichtige Hilfe
  - ein Dienstleistungsunternehmen oder
  - eine Au-pair-Kraft,

  insgesamt aber höchstens um 4.000,– €

Die Abzugsbeträge können Sie in der Regel **nebeneinander** geltend machen.

Begünstigt sind **nur Arbeitskosten**, nicht aber Kosten für Material.

Voraussetzung für die Steuerermäßigung: Sie haben für die Aufwendungen eine **Rechnung** erhalten und die **Zahlung erfolgt auf das Konto** des Erbringers der Leistung. Bei Barzahlung gibt es keine Steuerermäßigung!

Wichtig: Bei **komplett vermieteten** Ferienwohnungen gibt es diesen Steuervorteil nicht.

Die Steuerermäßigung erhalten Sie auf Antrag. Dazu tragen Sie die Aufwendungen in die Anlage »Haushaltsnahe Aufwendungen« ein.

Im **Steuerbescheid** wird die Steuerermäßigung nicht bei den steuerpflichtigen Einkünften, sondern bei der Berechnung der Steuer **direkt von Ihrer tariflichen Einkommensteuer abgezogen** und entsprechend auch bei der Berechnung des Solidaritätszuschlags sowie gegebenenfalls der Kirchensteuer steuermindernd berücksichtigt. Gesetzliche Grundlage für die Steuerermäßigungen ist § 35a EStG.

Wie die Finanzämter im Einzelnen das Gesetz anwenden sollen, regelt die Finanzverwaltung in einem umfangreichen BMF-Schreiben (zuletzt aktualisiert mit BMF-Schreiben vom 9.11.2016, BStBl. 2016 I S. 1213 – das sog. Anwendungsschreiben zu § 35a EStG).

In der **Anlage 1** zum BMF-Schreiben hat die Finanzverwaltung begünstigte und nicht begünstigte haushaltsnahe Dienstleistungen und Handwerkerleistungen **beispielhaft aufgelistet.** Dazu sollten Sie wissen: Hierbei handelt es sich um **keine abschließende Aufzählung.** Es können also auch Arbeiten begünstigt sein, die nicht genannt sind.

Zahlen Sie in dem betreffenden Jahr keine Einkommensteuer oder ist Ihre zu zahlende Einkommensteuer niedriger als die Steuerermäßigung (sog. Anrechnungsüberhang), gehen Sie (insoweit) leider leer aus: Es gibt weder eine Steuererstattung in Form einer negativen Einkommensteuer, noch haben Sie die Möglichkeit, nicht ausgenutzte Ermäßigungsbeträge in andere Jahre vor- oder rückzutragen (BFH-Urteil vom 29.1.2009, VI R 44/08, BStBl. 2009 II S. 411).

Dies sollten Sie bei Ihren Planungen berücksichtigen! Gehen Sie zum Beispiel in den nächsten Jahren in den Ruhestand und müssen voraussichtlich dann keine Steuern mehr zahlen, kann es sich steuerlich lohnen, anfallende Renovierungsarbeiten am Haus vorzuziehen.

Wann können Sie die Steuerermäßigung geltend machen?

Maßgebend für die Steuerermäßigung ist grundsätzlich **das Jahr, in dem Sie die Leistung zahlen** (BMF-Schreiben vom 9.11.2016, BStBl. 2016 I S. 1213 Rdnr. 44).

In bestimmten **Ausnahmefällen** ordnet der Finanzbeamte die Zahlung abweichend vom tatsächlichen Geldfluss einem **anderen Kalenderjahr** zu:

- Bei **regelmäßig wiederkehrenden Ausgaben** (z.B. nachträgliche monatliche Zahlung oder monatliche Vorauszahlung einer Pflegeleistung), die innerhalb eines Zeitraumes von bis zu zehn Tagen nach Beendigung bzw. vor Beginn eines Kalenderjahres fällig und geleistet worden sind, werden die Ausgaben dem Jahr zugerechnet, zu dem sie wirtschaftlich gehören.
- Bei **Minijobs** gehören die Abgaben für den in den Monaten Juli bis Dezember erzielten Arbeitslohn, die erst am 31. Januar des Folgejahres fällig werden, noch zu den begünstigten Aufwendungen des Vorjahres.

Damit Sie von der Steuervergünstigung schon im laufenden Jahr profitieren, können Sie beim Finanzamt einen **Antrag auf Lohnsteuer-Ermäßigung** stellen. Die Höhe des Freibetrages beträgt **das Vierfache des Steuerermäßigungsbetrages** (§ 39a Abs. 1 Nr. 5 Buchstabe c EStG). Somit beträgt der höchstmögliche Freibetrag zum Beispiel für Handwerkerleistungen 4.800,– € (4 × 1.200,– €).

Müssen Sie **Einkommensteuer-Vorauszahlungen** entrichten, können Sie diese herabsetzen lassen (§ 37 Abs. 3 EStG).

Sofern Sie einen Antrag auf Lohnsteuer-Ermäßigung stellen, müssen Sie für das betreffende Jahr eine Steuererklärung abgeben, damit das Finanzamt prüfen kann, ob Sie die Steuerermäßigung zu Recht erhalten haben.

8.1 Die Voraussetzungen

Folgende Voraussetzungen müssen Sie erfüllen, um die Steuervergünstigung zu bekommen:

- Sie lassen **»haushaltsnahe« Tätigkeiten** von einer bei Ihnen angestellten Hilfe erledigen oder beauftragen einen Dienstleister bzw. einen Handwerker.
- Die Arbeiten finden **in Ihrem Haushalt** statt.
- Die Kosten sind **keine Werbungskosten, Sonderausgaben oder außergewöhnlichen Belastungen.**

Sie müssen die Steuerermäßigung in den entsprechenden Zeilen der Anlage »Haushaltsnahe Aufwendungen« Ihrer Einkommensteuererklärung **beantragen** und bestimmte **Nachweise** vorlegen können.

Diese Nachweise benötigen Sie:

- eine **Rechnung**, in der die begünstigten Arbeits-, Fahrt- und Maschinenkosten getrennt vom nicht begünstigten Material ausgewiesen sind, sowie
- einen **Beleg der Bank**, dass der Rechnungsbetrag auf ein Konto des Erbringers der Leistung eingezahlt wurde. Das kann zum Beispiel der dazugehörige Kontoauszug sein.

Die Nachweise brauchen Sie nicht unbedingt der Steuererklärung beizufügen. Es reicht aus, die Nachweise **auf Verlangen dem Finanzamt vorlegen** zu können (BMF-Schreiben vom 9.11.2016, BStBl. 2016 I S. 1213 Rdnr. 49).

Die **Anforderungen an die Nachweise** sind streng. Achten Sie bitte darauf, dass Sie die Rechnung und den Einzahlungsbeleg bekommen, und bewahren Sie beides sorgfältig auf: Können Sie einen oder beide nicht vorlegen, dann bekommen Sie die Förderung nicht!

Bitte **bezahlen Sie niemals** einen Dienstleister oder Handwerker **bar gegen Quittung!** Sonst haben Sie den Steuerabzugsbetrag verspielt.

Jeder Steuerpflichtige bekommt die Steuerabzugsbeträge **nur einmal im Kalenderjahr** (BMF-Schreiben vom 9.11.2016, BStBl. 2016 I S. 1213). Das gilt auch, wenn die Kosten **für mehr als eine** selbst genutzte Wohnung angefallen sind, zum Beispiel für Ihren Hauptwohnsitz und für Ihre Ferienwohnung.

8.1.1 Nur bestimmte Tätigkeiten sind begünstigt

Begünstigt sind »haushaltsnahe« Tätigkeiten. Das können sein

- »Handwerkerleistungen für Renovierungs-, Erhaltungs- und Modernisierungsmaßnahmen« und
- sonstige »haushaltsnahe« Tätigkeiten.

Welche Arbeiten »haushaltsnah« sind, kann im Einzelfall leider unklar sein. Deshalb gibt es immer wieder Streit mit dem Finanzamt und oft müssen die Gerichte entscheiden. Aus Gesetzesbegründung, Verwaltungsanweisungen und Rechtsprechung lässt sich zwar ein Rahmen ableiten.

Falls Sie unsicher sind, ob eine bestimmte Arbeit begünstigt ist, sammeln Sie die Belege bitte trotzdem. Beantragen Sie den Steuerabzugsbetrag und warten Sie ab, ob der Finanzbeamte mitspielt. Verweigert der Finanzbeamte den Abzugsbetrag auch im Einspruchsverfahren, dann müssen Sie entscheiden, ob sich Kosten und Risiko einer Klage für Sie lohnen.

Handwerkerleistungen

Die Steuerermäßigung gilt **für alle (einfache wie qualifizierte) handwerklichen Tätigkeiten** für Renovierungs-, Erhaltungs- und Modernisierungsmaßnahmen. Es spielt keine Rolle, ob es sich um regelmäßig vorzunehmende Renovierungsarbeiten, kleine Ausbesserungsarbeiten oder um Erhaltungs- und Modernisierungsmaßnahmen handelt (BMF-Schreiben vom 9.11.2016, BStBl. 2016 I S. 1213 Rdnr. 19). Das gilt unabhängig davon, ob die Aufwendungen für die einzelne Maßnahme **Erhaltungs- oder Herstellungsaufwand** darstellen (BFH-Urteil vom 13.7.2011, VI R 61/10, BStBl. 2012 II S. 232).

Neben den Arbeitskosten sind **auch Fahrt- und Maschinenkosten begünstigt.** Auch Arbeitskosten für das Aufstellen eines **Baugerüstes** gehören dazu. Die Miete für ein **Gerüst** dagegen akzeptiert das Finanzamt nicht. Bei der Trockenlegung von Mauerwerk sind Kosten der Maßnahmen innerhalb des Haushalts (Arbeiten mit Maschinen vor Ort) begünstigt, nicht aber Kosten, die durch eine ausschließliche Anmietung von Maschinen entstehen (BMF-Schreiben vom 9.11.2016, BStBl. 2016 I S. 1213 Anlage 1 i.V.m BMF-Schreiben vom 1.9.2021, BStBl. 2021 I S. 1491).

Nicht begünstigt ist das eingesetzte **Material** einschließlich der darauf entfallenden Mehrwertsteuer. Ausnahme: geringwertige Verbrauchsmaterialien wie Abdeckplane oder Material für die Vorarbeiten, die nicht gesondert in Rechnung gestellt werden.

Sie müssen sich also eine Rechnung ausstellen lassen, in der die **begünstigten Arbeits-, Maschinen- und Fahrtkosten** separat genannt sind. Die auf diesen Teil der Rechnung entfallende Mehrwertsteuer gehört zu den begünstigten Kosten.

Wird die Handwerkerleistung bereits **staatlich gefördert,** dann bekommen Sie nicht noch zusätzlich den Steuerabzugsbetrag. Die staatliche Förderung kann zum Beispiel ein zinsverbilligtes Darlehen oder ein steuerfreier Zuschuss sein.

Die Finanzverwaltung hat begünstigte und nicht begünstigte haushaltsnahe Dienstleistungen und Handwerkerleistungen **beispielhaft aufgelistet** (BMF-Schreiben vom 9.11.2016, BStBl. 2016 I S. 1213 Anlage 1 i.V.m BMF-Schreiben vom 1.9.2021, BStBl. 2021 I S. 1491).

Als **begünstigte Handwerkerleistungen** sieht die Finanzverwaltung zum Beispiel

- Arbeiten an Innen- und Außenwänden;
- Arbeiten am Dach, an der Fassade, an der Garage, an den Außenanlagen usw.;
- Reparatur oder Austausch von Fenstern und Türen;
- Streichen oder Lackieren von Türen und Türrahmen, der Fenster sowie der Einbaumöbel und der Heizkörper;
- Reparatur oder Austausch des Bodenbelags (Teppich, Parkett, Fliesen etc.);
- die Wartung, Reparatur und Erneuerung der Heizungsanlage (einschließlich der Leistungen des Schornsteinfegers);
- Modernisierung und Austausch der Einbauküche;
- Wartung und Reparatur von Elektroanlagen;
- Renovierung des Badezimmers;
- Errichtung von Außenanlagen;
- Tätigkeit eines Klavierstimmers;
- Montageleistungen im Haushalt zum Beispiel beim Erwerb neuer Möbel;
- Pilzbekämpfung, Hausschwammbeseitigung und Schadstoffsanierung;
- Maßnahmen der Gartengestaltung und Wegebauarbeiten;
- Montage und Reparatur von Insektenschutzgitter;
- Leistungen an Hausanschlüssen sowie Zu- und Ableitungen wie Wasser und Abwasser, Strom, Internet, Telefon, Fernsehen usw.;
- Reparatur, Wartung und Einbau von zum Haushalt gehörenden Gegenständen wie Waschmaschine, Trockner, Herd, Geschirrspüler, Fernseher, PC etc., wenn die Handwerkerleistung **in Ihrem Haushalt ausgeführt** wird. Das Finanzamt akzeptiert »Gegenstände, die in der Hausratversicherung mitversichert werden können«.

Begünstigt sind auch Aufwendungen für **Taubenabwehr, Schädlings- und Ungezieferbekämpfung.** Ob es sich um eine Handwerkerleistung oder um eine haushaltsnahe Dienstleistung handelt, muss im Einzelfall entschieden werden (BMF-Schreiben vom 9.11.2016, BStBl. 2016 I S. 1213 Anlage 1 i.V.m BMF-Schreiben vom 1.9.2021, BStBl. 2021 I S. 1491).

Die Handwerkerleistung muss **in einem bereits bestehenden Haushalt** ausgeführt werden.

Nicht begünstigt sind deshalb Handwerkerleistungen, die die Errichtung eines »Haushalts«, also einen Neubau, betreffen (BFH-Urteil vom 13.7.2011, VI R 61/10, BStBl. 2012 II S. 232). Aufgrund dieses BFH-Urteils erkennt die Finanzverwaltung nun **auch Maßnahmen im Zusammenhang mit neuer Wohn- oder Nutzflächenschaffung** in einem vorhandenen Haushalt an. Eine – nachhaltige – Erhöhung des Gebrauchswertes der Immobilie führt nicht zum Ausschluss der Steuerermäßigung (BMF-Schreiben vom 9.11.2016, BStBl. 2016 I S. 1213 Rdnr. 19).

Als **Neubaumaßnahmen** gelten alle Maßnahmen, die im Zusammenhang mit der **Errichtung eines Haushalts bis zu dessen Fertigstellung** anfallen (BMF-Schreiben vom 9.11.2016, BStBl. 2016 I S. 1213 Rdnr. 21). Fertiggestellt ist ein Gebäude, wenn die wesentlichen Bauarbeiten abgeschlossen sind und der Bau so weit errichtet ist, dass der Bezug der Wohnung(en) zumutbar erscheint. Das ist nicht der Fall, wenn Türen, Böden und der Innenputz (noch) fehlen (H 7.4 (Fertigstellung) EStH).

Entscheidender Zeitpunkt ist somit unseres Erachtens der Tag, an dem Sie in die fertiggestellte Wohnung bzw. das fertiggestellte Haus einziehen. Ab diesem Tag besteht dort ein Haushalt und dann sind nach diesem Tag in Auftrag gegebene Handwerkerleistungen in diesem Haushalt begünstigt. Geben Sie zum Beispiel die Montage von Außenrollos an Dachfenstern erst nach dem Einzug in Auftrag, können Sie unseres Erachtens das Finanzamt an den Arbeitskosten hierfür beteiligen.

Den Steuerbonus bekommen Sie somit auch für umfangreiche Modernisierungsmaßnahmen, wenn Sie etwas bisher **noch nicht Vorhandenes** bauen oder anlegen lassen oder die ausgeführten Arbeiten zu einer wesentlichen Verbesserung führen. **Begünstigt** sind – bei bereits bestehendem Haushalt – zum Beispiel

- der **nachträgliche Einbau eines Kachelofens und eines Edelstahlschornsteins** in ein Einfamilienhaus, das mit einer Gas-Zentralheizung ausgerüstet ist (Sächsisches FG vom 23.3.2012, 3 K 1388/10).
- die nachträgliche Errichtung eines **Carports** oder einer **Fertiggarage**;
- der nachträgliche **Dachgeschoss- oder Kellerausbau, Anbau eines Wintergartens** oder der nachträgliche **Einbau einer Dachgaube,** selbst wenn durch diese Maßnahme die Wohnfläche des Hauses erweitert wird. **Überholt** sind damit anderslautende Finanzgerichtsurteile (FG Rheinland-Pfalz vom 18.10.2012, 4 K 1933/12, EFG 2013 S. 127 sowie FG Berlin-Brandenburg vom 11.12.2012, 4 K 4361/08).

Auch bei den **Heizkosten** differenziert die Finanzverwaltung sehr genau:

- **Begünstigt** als Handwerkerleistungen sind Kosten für Schornsteinfeger, für Heizungswartung und Reparatur, für den Austausch der Zähler nach dem Eichgesetz sowie Garantiewartungsgebühren.
- **Nicht begünstigt** sind dagegen Kosten des Verbrauchs, des Ablesedienstes und der Abrechnung an sich sowie die Gerätemiete für Zähler (BMF-Schreiben vom 9.11.2016, BStBl. 2016 I S. 1213 Anlage 1 i.V.m BMF-Schreiben vom 1.9.2021, BStBl. 2021 I S. 1491).

Nicht begünstigte Leistungen

Keine begünstigten Handwerkerleistungen sind nach Auffassung der Finanzverwaltung zum Beispiel

- Arbeiten an Ihren Kraftfahrzeugen, selbst wenn sie auf Ihrem Grundstück stattfinden;
- Ablesedienste und Abrechnung bei Verbrauchszählern (Heizung, Wasser, Strom etc.);
- Abriss eines baufälligen Gebäudes mit anschließendem Neubau;
- Architekten- und Statikerleistung;
- Energiepass;
- Hausverwalterkosten oder -gebühren (BMF-Schreiben vom 9.11.2016, BStBl. 2016 I S. 1213 Anlage 1 i.V.m BMF-Schreiben vom 1.9.2021, BStBl. 2021 I S. 1491).

Gutachtertätigkeiten

Begünstigt sind **auch von Handwerkern durchgeführte Mess-, Kontroll- und Überprüfarbeiten.** So hat der Bundesfinanzhof zugunsten der Steuerzahler entschieden, dass die Dichtheitsprüfung einer Abwasserleitung als Handwerkerleistung nach § 35a Abs. 3 EStG begünstigt ist: Die Erhebung eines unter Umständen noch mangelfreien Istzustandes, beispielsweise die Überprüfung der Funktionsfähigkeit einer Anlage durch einen Handwerker, kann ebenso eine begünstigte Handwerkerleistung sein wie die Beseitigung eines bereits eingetretenen Schadens oder vorbeugende Maßnahmen zur Schadenabwehr (BFH-Urteil vom 6.11.2014, VI R 1/13, BStBl. 2015 II S. 481).

Aufgrund dieses Urteils müssen die Finanzämter nun auch die Überprüfung, ob eine Anlage einen Schaden aufweist oder ordnungsgemäß funktioniert, als begünstigte Handwerkerleistung anerkennen. Das gilt selbst dann, wenn der Handwerker über den ordnungsgemäßen Zustand eine Bescheinigung »für amtliche Zwecke« erstellt. Es ist nicht erforderlich, dass eine etwaige Reparatur- oder Instandhaltungsmaßnahme zeitlich unmittelbar nachfolgt. Sie kann auch durch einen anderen Handwerksbetrieb durchgeführt werden (BMF-Schreiben vom 9.11.2016, BStBl. 2016 I S. 1213 Rdnr. 20).

Begünstigt als Handwerkerleistung sind zum Beispiel

- Schornsteinfegerleistungen (sowohl Mess- oder Überprüfarbeiten einschließlich Feuerstättenschau als auch Reinigungs- und Kehrarbeiten sowie sonstige Handwerkerleistungen);
- Prüfdienste / Prüfleistung (z.B. bei Aufzügen);
- Überprüfung von Anlagen (z.B. die Gebühr für die Kontrolle von Blitzschutzanlagen oder die Dichtheitsprüfung von Abwasseranlagen);
- Legionellenprüfung;
- Kontrollmaßnahmen des TÜV, zum Beispiel für den Fahrstuhl oder den Treppenlift;
- Schadenfeststellung, Ursachenfeststellung (z.B. bei Wasserschaden, Rohrbruch usw.);
- Beprobung des Trinkwassers (BMF-Schreiben vom 9.11.2016, BStBl. 2016 I S. 1213 Anlage 1 i.V.m BMF-Schreiben vom 1.9.2021, BStBl. 2021 I S. 1491).

Entsorgungsleistungen

Keine Steuerermäßigung gewähren die Finanzämter für Aufwendungen, bei denen die Entsorgung im Vordergrund steht, wie zum Beispiel die Müllabfuhr (BMF-Schreiben vom 9.11.2016, BStBl. 2016 I S. 1213 Anlage 1 i.V.m BMF-Schreiben vom 1.9.2021, BStBl. 2021 I S. 1491). Zwei Finanzgerichte haben bislang die Auffassung der Finanzverwaltung bestätigt und die Steuerermäßigung versagt für

- **Gebühren für die Abwasserbeseitigung** (Sächsisches FG vom 2.4.2009, 6 K 64/09);
- **Gebühren für die Müllabfuhr.** Denn die eigentliche Leistung der Müllabfuhr liegt in der Verarbeitung und Lagerung des Mülls und diese Entsorgungsleistung wird nicht im Haushalt erbracht (FG Köln vom 26.1.2011, 4 K 1483/10, EFG 2011 S. 978).

Aufwendungen für Entsorgungsleistungen können aber **begünstigt** sein, **wenn** die Entsorgung als **Nebenleistung** zur Hauptleistung anzusehen ist (z.B. Bauschutt, Fliesenabfuhr bei Neuverfliesung eines Bades, Grünschnittabfuhr bei Gartenpflege etc.).

Als Handwerkerleistung begünstigt sind Aufwendungen für

- Wartung und Reinigung der Abwasserentsorgung,
- Wartung und Reparatur einer Müllentsorgungsanlage (Müllschlucker) sowie
- Anlieferung und Aufstellen von Müllschränken (BMF-Schreiben vom 9.11.2016, BStBl. 2016 I S. 1213 Anlage 1 i.V.m BMF-Schreiben vom 1.9.2021, BStBl. 2021 I S. 1491).

Haushaltsnahe Dienstleistungen

Eine Steuerermäßigung erhalten Sie für von selbstständigen Dienstleistern oder einer Dienstleistungsagentur **in Ihrem Haushalt** erbrachte »haushaltsnahe« Dienstleistungen (§ 35a Abs. 2 Satz 1 EStG).

Das sind Leistungen, die eine **hinreichende Nähe zur Haushaltsführung** aufweisen bzw. damit im Zusammenhang stehen. Dazu gehören **hauswirtschaftliche Tätigkeiten,** die gewöhnlich durch Mitglieder des privaten Haushalts oder entsprechend Beschäftigte erledigt werden und in regelmäßigen Abständen anfallen (BFH-Urteil vom 13.7.2011, VI R 61/10, BStBl. 2012 II S. 232; BMF-Schreiben vom 9.11.2016, BStBl. 2016 I S. 1213 Rdnr. 11).

Auch hier gilt: Den Steuerabzugsbetrag gibt es nur für die **in Rechnung gestellten Arbeitskosten** gegebenenfalls einschließlich Maschinen- und Fahrtkosten sowie Kosten für Verbrauchsmittel (z.B. Schmier-, Reinigungs- oder Spülmittel sowie Streugut). Voraussetzung für die Förderung: Die Bezahlung der Rechnung muss auf ein Konto des Dienstleisters eingehen. Bei Barzahlung gibt es keine Steuerermäßigung.

Begünstigt als haushaltsnahe Dienstleistungen sind vor allem Aufwendungen für die

- Zubereitung und das Servieren von Speisen und Getränken im Haushalt;
- Reinigung der Wohnung bzw. des Hauses;
- Pflege und Reinigung von Kleidung und Wäsche im Haushalt;
- Pflege, Versorgung und Betreuung von Kindern sowie von kranken, alten oder pflegebedürftigen Personen;
- Pflege des Gartens;
- Hilfe bei Ihrem privaten Umzug zum Beispiel durch eine Umzugsspedition;
- **Reinigung von Straßen und Gehwegen** sowie der **Winterdienst (Schneeräumung)** – auch jenseits der Grundstücksgrenze auf fremdem, beispielsweise öffentlichem Grund, wenn Sie als Mieter oder Eigentümer dazu verpflichtet sind (BFH-Urteil vom 20.3.2014, VI R 55/12, BStBl. 2014 II S. 880). Öffentlich-rechtliche Straßenreinigungsgebühren allerdings sind nach Auffassung der Finanzverwaltung nicht begünstigt;
- sowie einen Wachdienst (BMF-Schreiben vom 9.11.2016, BStBl. 2016 I S. 1213 Anlage 1 i.V.m BMF-Schreiben vom 1.9.2021, BStBl. 2021 I S. 1491).

Keine haushaltsnahen Dienstleistungen sind dagegen

- sämtliche (auch einfache) **Handwerkerleistungen,** da für diese ausschließlich die Steuerermäßigung nach § 35a Abs. 3 EStG mit einem eigenen Höchstbetrag gilt (BFH-Urteil vom 6.5.2010, VI R 4/09, BStBl. 2011 II S. 909).

  Es ist also leider nicht möglich, zum Beispiel kleine Ausbesserungsarbeiten als haushaltsnahe Dienstleistungen anzusetzen, weil der Höchstbetrag für Handwerkerleistungen bereits ausgeschöpft ist;

- Leistungen, die zwar in Ihrem Haushalt ausgeübt werden, aber **keinen Bezug zur Hauswirtschaft** haben (BFH-Urteil vom 1.2.2007, VI R 77/05, BStBl. 2007 II S. 760). Das gilt zum Beispiel für eine Rechtsberatung oder die Hilfe bei der Erstellung der Steuererklärung.

8.1.2 Die Hilfe muss in Ihrem Haushalt erfolgen

Egal ob angestellte Kraft oder Dienstleister: Wollen Sie von den Steuerabzugsbeträgen profitieren, müssen Sie die haushaltsnahen Arbeiten **in Ihrem Haushalt** in Anspruch nehmen! Anderenfalls gibt es leider keinen Steuerabzugsbetrag. **Wichtig:** Als Haushalt kommt auch Ihre selbst genutzte Ferienwohnung infrage.

Förderung gibt es aber nur für eine Ferienimmobilie in Deutschland oder in einem anderen Land der Europäischen Union bzw. des Europäischen Wirtschaftsraumes.

Begünstigt sind Leistungen, die im räumlichen Bereich eines vorhandenen Haushalts erbracht werden (BFH-Urteil vom 13.7.2011, VI R 61/10, BStBl. 2012 II S. 232).

Nach neuerer BFH-Rechtsprechung ist der Begriff des Haushalts insoweit **räumlich-funktional** auszulegen (BFH-Urteil vom 20.3.2014, VI R 55/12, BStBl. 2014 II S. 880; nochmals bestätigt mit BFH-Urteil vom 3.9.2015, VI R 18/14, BStBl. 2016 II S. 272).

Was als Haushalt gilt

Der **Haushalt** erstreckt sich nicht nur auf die eigengenutzte Wohnung oder das eigengenutzte Haus, sondern auch auf die dazugehörigen **Zubehörräume und Außenanlagen** (z.B. den Garten, den Hof, die Einfahrt oder die Garage). Deshalb sind zum Beispiel auch Erd- und Pflanzarbeiten im Garten eines selbst bewohnten Hauses begünstigt (BFH-Urteil vom 13.7.2011, VI R 61/10, BStBl. 2012 II S. 232). Dabei spielt es keine Rolle, ob die Räumlichkeiten als Mieter oder als Eigentümer genutzt werden.

Der Bundesfinanzhof legt den Begriff »im Haushalt« zugunsten der Steuerzahler **räumlich-funktional** aus: Auch Leistungen, die außerhalb der Grundstücksgrenze auf fremdem, beispielsweise öffentlichem Grund erbracht werden, können begünstigt sein. Es muss sich dabei aber um Tätigkeiten handeln, die in unmittelbarem räumlichen Zusammenhang zum Haushalt durchgeführt werden und dem Haushalt dienen.

Das ist der Fall, wenn

- Sie als Eigentümer oder Mieter zur **Reinigung und/oder Schneeräumung von öffentlichen Straßen und (Geh-)Wegen** verpflichtet sind. Entsprechende Dienstleistungen sind notwendiger Annex zur Haushaltsführung. Aufwendungen hierfür sind deshalb nicht nur anteilig (soweit sie auf das Wohngrundstück entfallen), sondern in vollem Umfang als haushaltsnahe Dienstleistung **begünstigt** (BFH-Urteil vom 20.3.2014, VI R 55/12, BStBl. 2014 II S. 880);
- der **Haushalt an das öffentliche Versorgungsnetz angeschlossen** wird. Denn über den Hausanschluss »wird der auf dem Grundstück gelegene Haushalt des Steuerpflichtigen über das öffentliche Versorgungsnetz mit den für eine Haushaltsführung notwendigen Leistungen der Daseinsfürsorge versorgt. Ein Hausanschluss stellt sich damit als notwendige Voraussetzung eines Haushalts dar.«. Deshalb ist der Hausanschluss insgesamt – auch soweit er im öffentlichen Straßenraum verläuft – zum Haushalt zu zählen. Somit sind die für die Erschließungsleistungen entstandenen (ggf. geschätzten) Arbeitskosten in voller Höhe als Handwerkerleistung begünstigt (BFH-Urteil vom 20.3.2014, VI R 56/12, BStBl. 2014 II S. 882).

Arbeitskosten zum Beispiel für den Anschluss des Grundstücks an das Trink-, Abwasser- und Stromnetz sowie für das Ermöglichen der Nutzung des Fernsehens oder des Internets sind auch insoweit **begünstigt,** als sie für Leistungen auf dem **öffentlichen Grund** vor dem Grundstück anfallen (BMF-Schreiben vom 9.11.2016, BStBl. 2016 I

S. 1213 Anlage 1 i.V.m BMF-Schreiben vom 1.9.2021, BStBl. 2021 I S. 1491). Es darf sich aber nicht um eine Leistung im Rahmen einer Neubaumaßnahme handeln.

Leistungen, die sowohl im als auch außerhalb des räumlichen Bereichs des Haushalts durchgeführt werden, müssen entsprechend **aufgeteilt** werden (BMF-Schreiben vom 9.11.2016, BStBl. 2016 I S. 1213 Rdnr. 40).

Bei Handwerkerarbeiten, die **teilweise in der Werkstatt** ausgeführt werden, gewährt das Finanzamt somit nur für den Teil der Arbeiten eine Steuerermäßigung, der in Ihrem Haushalt ausgeführt wird. Deshalb bekommen Sie den Steuerabzugsbetrag nur anteilig für die vor Ort ausgeführten Arbeiten, wenn der Beamte weiß, dass ein Teil der Arbeiten in der Werkstatt des Handwerkers ausgeführt worden ist. Um Probleme mit dem Finanzamt zu vermeiden, sollten Sie sich in Zweifelsfällen vom Handwerker in der Rechnung bestätigen lassen, welcher Anteil der Arbeiten vor Ort ausgeführt worden ist.

Der Maler hat zwar die Türzargen vor Ort gestrichen, die Türblätter hat er aber in seiner Werkstatt gespritzt. In diesem Fall muss nach Auffassung der Finanzverwaltung der Handwerker die Gesamtarbeitskosten in der Rechnung entsprechend aufteilen.

In einem neueren Urteil aber hat das Finanzgericht München entgegen der Auffassung der Finanzverwaltung entschieden: Die Finanzrichter haben die **Arbeitskosten eines Schreiners für den Austausch einer renovierungsbedürftigen Haustür** als Handwerkerleistung anerkannt, obwohl die Fertigung der Haustür wegen der dazu notwendigen Maschinen mit an Sicherheit grenzender Wahrscheinlichkeit in der Werkstatt erfolgt ist. Begründung der Finanzrichter: Es handelt sich dabei um Leistungen, die in unmittelbarem Zusammenhang zum Haushalt durchgeführt werden und der zu eigenen Wohnzwecken genutzten Wohnung dienen (FG München vom 23.2.2015, 7 K 1242/13).

Dagegen gewährt das Finanzgericht Rheinland-Pfalz für das **Neubeziehen von Polstermöbeln** in einer Werkstatt **keine Steuerermäßigung**, da diese Handwerkerleistung ausschließlich in einer Werkstatt durchgeführt wurde (FG Rheinland-Pfalz vom 6.7.2016, 1 K 1252/16, EFG 2016 S. 1350).

Nicht begünstigt sind außerdem Aufwendungen für Leistungen, die **außerhalb** Ihres Haushalts erbracht werden. Das gilt zum Beispiel

- wenn Sie die Bettwäsche Ihrer Feriengäste in eine Wäscherei oder Reinigung bringen;
- wenn der Service die Waschmaschine aus Ihrer Ferienwohnung mitnehmen muss, um sie zu reparieren.

8.1.3 Werbungskosten, Sonderausgaben und außergewöhnliche Belastungen werden nicht gefördert

---

Die Steuerermäßigungen werden nur gewährt für Aufwendungen,

- soweit sie nicht **Werbungskosten oder Betriebsausgaben** darstellen und
- soweit sie **nicht als Sonderausgaben oder außergewöhnliche Belastungen berücksichtigt** werden.

Der Staat gewährt **keine doppelte Förderung** von Aufwendungen. Deshalb bekommen Sie trotz Vorliegen der Voraussetzungen grundsätzlich keinen Abzugsbetrag für Aufwendungen, die schon zu den Werbungskosten, Betriebsausgaben bzw. Sonderausgaben oder den außergewöhnlichen Belastungen zählen (BMF-Schreiben vom 9.11.2016, BStBl. 2016 I S. 1213 Rdnr. 31 ff).

Der Abzug als Werbungskosten/Betriebsausgaben, Sonderausgaben oder außergewöhnliche Belastungen hat also **Vorrang.** Damit fahren Sie meist auch besser. Nur wenn Sie mit Ihren steuerpflichtigen Einkünften knapp über dem Grundfreibetrag liegen, beträgt Ihr Grenzsteuersatz weniger als 20 %.

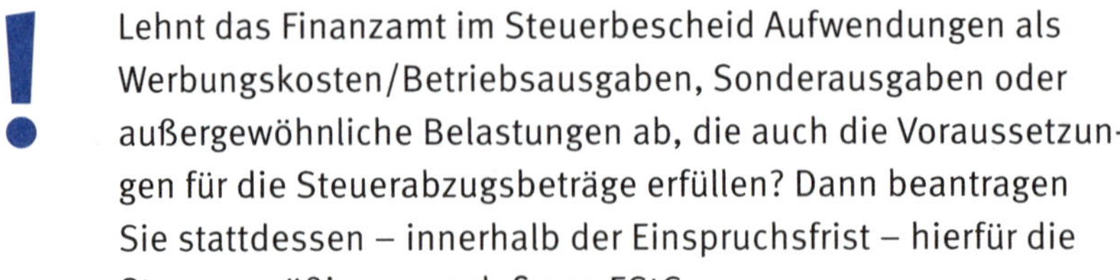

Lehnt das Finanzamt im Steuerbescheid Aufwendungen als Werbungskosten/Betriebsausgaben, Sonderausgaben oder außergewöhnliche Belastungen ab, die auch die Voraussetzungen für die Steuerabzugsbeträge erfüllen? Dann beantragen Sie stattdessen – innerhalb der Einspruchsfrist – hierfür die Steuerermäßigung nach § 35a EStG.

Werbungskosten oder Betriebsausgaben

Keine Steuerermäßigung gibt es für Aufwendungen, soweit diese Werbungskosten oder Betriebsausgaben darstellen. Sie haben hier also **kein Wahlrecht!**

Gehören die Aufwendungen für haushaltsnahe Hilfen bei einer **gemischt genutzten** Ferienwohnung zum Teil zu Ihren Werbungskosten aus Vermietung und Verpachtung und zum Teil in Ihren privaten Bereich, gilt Folgendes: Diese **gemischten Aufwendungen** können Sie unter Berücksichtigung des **zeitlichen Anteils** der zu Werbungskosten oder Betriebsausgaben führenden Tätigkeiten an der Gesamtarbeitszeit **sachgerecht aufteilen** (BMF-Schreiben vom 9.11.2016, BStBl. 2016 I S. 1213 Rdnr. 31). Der berufliche/betriebliche Anteil gehört zu den Werbungskosten/Betriebsausgaben. Für den privaten Kostenanteil bekommen Sie die Steuerabzugsbeträge.

Diese Aufteilungsmöglichkeit gilt unabhängig davon, ob es sich bei der Hilfe um eine angestellte Kraft oder um einen Dienstleister handelt.

Nicht immer kann eine Aufteilung nach dem zeitlichen Anteil vorgenommen werden. Ist das der Fall oder führt der zeitliche Anteil nicht zu einem sachgerechten Ergebnis, kann unseres Erachtens entsprechend **nach Quadratmetern** aufgeteilt werden, zum Beispiel bei Handwerkerleistungen am Dach, die auch den vermieteten Teil des Gebäudes betreffen.

Sonderausgaben oder außergewöhnliche Belastungen

Aufwendungen für haushaltsnahe Hilfen können gleichzeitig auch die Voraussetzungen für die Berücksichtigung als außergewöhnliche Belastungen allgemeiner Art erfüllen. Insbesondere bei Kosten wegen Pflegebedürftigkeit sind oft die Voraussetzungen für beide Steuervergünstigungen erfüllt. Aber auch bei **Handwerkerleistungen und Umzugskosten** kann das der Fall sein. Infrage kommen zum Beispiel

- der behinderungsbedingte Umzug,
- die behindertengerechte Ausstattung der Wohnung,
- das Entfernen gesundheitsgefährdender Stoffe und
- das Beseitigen von Katastrophenschäden an Wohnung, Hausrat und Kleidung.

Sie können grundsätzlich wählen, ob Sie die Aufwendungen als außergewöhnliche Belastung geltend machen oder die Steuerermäßigung nach § 35a EStG in Anspruch nehmen. Meist ist ein Abzug der Aufwendungen als außergewöhnliche Belastung günstiger, weil der Grenzsteuersatz mehr als 20 % beträgt.

Wichtig: Für den Teil der Aufwendungen, der sich wegen der zumutbaren Belastung **nicht als außergewöhnliche Belastung steuermindernd** auswirkt, dürfen Sie den **Steuerbonus** nach § 35a EStG in Anspruch nehmen (BMF-Schreiben vom 9.11.2016, BStBl. 2016 I S. 1213 Rdnr. 32; BFH-Urteil vom 5.6.2014, VI R 12/12, BStBl. 2014 II S. 970). Denn insoweit sind die Aufwendungen nicht als außergewöhnliche Belastungen berücksichtigt worden.

Selbst genutzte **Baudenkmäler und Gebäude in Sanierungsgebieten** fördert der Gesetzgeber besonders: Bestimmte Kosten mindern nach § 10f EStG wie Sonderausgaben die Steuerlast. Den Steuerbonus nach § 35a EStG bekommen Sie für Erhaltungsaufwendungen an einem solchen Gebäude nur, soweit diese Kosten nicht schon als **Sonderausgaben** berücksichtigt worden sind.

8.1.4 Hohe Anforderungen an die Belege

Erforderliche Nachweise

Damit die Steuerermäßigung für **haushaltsnahe Dienstleistungen und Handwerkerleistungen** nicht an Formvorschriften scheitert, sollten Sie unbedingt darauf achten, dass die **notwendigen Nachweise** vorliegen:

Diese Nachweise benötigen Sie:

- eine **Rechnung,** in der die begünstigten Arbeits-, Fahrt- und Maschinenkosten getrennt vom nicht begünstigten Material ausgewiesen sind; sowie
- einen **Beleg der Bank,** dass der Rechnungsbetrag auf ein Konto des Erbringers der Leistung **eingezahlt** wurde. Das kann zum Beispiel der dazugehörige Kontoauszug sein.

Die Nachweise brauchen Sie nicht unbedingt der Steuererklärung beizufügen. Es reicht aus, die Nachweise **auf Verlangen dem Finanzamt vorlegen** zu können (BMF-Schreiben vom 9.11.2016, BStBl. 2016 I S. 1213 Rdnr. 49).

Aus der **Rechnung** muss sich ergeben:

- der Erbringer der Leistung als Rechnungsaussteller,
- der Empfänger dieser Leistung,
- die Art, der Zeitpunkt und der Inhalt der Leistung sowie
- die jeweils dafür geschuldeten Beträge (BFH-Urteil vom 29.1.2009, VI R 28/08, BStBl. 2010 II S. 166).

Grundsätzlich müssen Sie Auftraggeber der Leistung sein und somit **die Rechnung auf Sie lauten.** Sonst könnte das Finanzamt Probleme bereiten. So hat das Finanzgericht München die Steuerermäßigung bei einem Steuerzahler abgelehnt, weil die Handwerkerrechnung nicht an ihn, sondern an seine mit im gemeinsamen Haushalt lebende Schwester gerichtet war. Da half es auch nicht, dass der Steuerzahler die Rechnung von seinem Bankkonto beglichen hat. In diesem Fall kann nur die Schwester die Steuerermäßigung in ihrer Steuererklärung für die an sie gerichtete Handwerkerrechnung in Anspruch nehmen (FG München vom 14.1.2016, 7 K 2205/15).

Begünstigt sind nur Arbeitskosten (einschließlich Verbrauchsmittel und der in Rechnung gestellten Fahrt- und Maschinenkosten inklusive der darauf entfallenden Umsatzsteuer).

Keine Steuerermäßigung erhalten Sie für Aufwendungen für

- das eingesetzte **Material** wie Farbe, Fliesen, Teppiche und Tapeten, Pflastersteine, Pflanzen und Muttererde;
- mitgelieferte **Waren und Gebrauchsgegenstände** wie Möbel, ein Pflegebett, ein Blutdruckmessgerät oder Kompressionsstrümpfe.

Der **Anteil der Arbeitskosten** muss grundsätzlich anhand der Angaben in der Rechnung gesondert ermittelt werden können. Eine prozentuale Aufteilung des Rechnungsbetrages in Arbeitskosten und Materialkosten durch den Rechnungsaussteller ist zulässig (BMF-Schreiben vom 9.11.2016, BStBl. 2016 I S. 1213 Rdnr. 40).

Eine **Schätzung der Arbeitskosten** durch Sie will die Finanzverwaltung nicht zulassen – trotz anderslautender Rechtsprechung zugunsten der Steuerzahler. Deshalb wird das Finanzamt eine Steuerermäßigung vermutlich ablehnen, wenn bei Anschaffung und Einbau einer neuen Küche in der Rechnung nur ein Gesamtpreis für Lieferung und Montage ausgewiesen wird. Das Finanzgericht Düsseldorf hat in diesem Fall aber eine vom Küchenlieferanten nachträglich ausgestellte Bescheinigung über den Lohnkostenanteil akzeptiert und auf diesen Teilbetrag die Steuerermäßigung für Handwerkerleistungen gewährt (FG Düsseldorf vom 19.2.2013, 10 K 2392/12 E).

Bei **Wartungsverträgen** hat das Finanzamt nichts dagegen, wenn der Anteil der Arbeitskosten, der sich auch pauschal aus einer Mischkalkulation ergeben kann, aus einer Anlage zur Rechnung hervorgeht.

Abschlagszahlungen erkennt das Finanzamt nur an, wenn hierfür eine entsprechende Aufteilung vorgenommen worden ist und eine Rechnung vorliegt, die die zuvor genannten Anforderungen erfüllt (BMF-Schreiben vom 9.11.2016, BStBl. 2016 I S. 1213 Rdnr. 40).

Angestellte Haushaltshilfen

Bei **Beschäftigungsverhältnissen** ist die Vorlage einer Rechnung nicht möglich und auch nicht nötig. Hier genügt es, die von Ihnen als Arbeitgeber für das Arbeitsverhältnis geleisteten Aufwendungen nachweisen zu können:

- Bei **Minijobs,** die über das Haushaltsscheckverfahren abgerechnet werden, genügt als Nachweis die von der Minijob-Zentrale nach Ablauf des Jahres erteilte Bescheinigung;
- bei anderen **haushaltsnahen Beschäftigungsverhältnissen** gelten die allgemeinen Nachweisregeln: Vorlage der Lohnunterlagen, zum Beispiel der Lohnsteuerbescheinigung etc.

Bei Barzahlung gibt es keine Steuerermäßigung

Mit den Steuerabzugsbeträgen will der Staat nicht nur Arbeitsplätze in Privathaushalten schaffen. Er will auch die Schwarzarbeit bekämpfen. Der Gesetzgeber knüpft deshalb hohe Anforderungen an die Belege und die Art der Zahlung.

Bedingung für die Steuerermäßigung ist: Die Zahlung der Rechnung muss auf das Konto des Erbringers der Leistung erfolgen (§ 35a Abs. 5 Satz 3 EStG).

Dies geschieht meist durch Überweisung. Beträge, die per Dauerauftrag, durch eine Einzugsermächtigung oder im SEPA-Lastschriftverfahren abgebucht oder per Onlinebanking überwiesen wurden, akzeptiert das Finanzamt in Verbindung mit dem Kontoauszug, der die Abbuchung ausweist. Das gilt auch bei Übergabe eines Verrechnungsschecks oder der Teilnahme am Electronic-Cash-Verfahren oder am elektronischen Lastschriftverfahren (BMF-Schreiben vom 9.11.2016, BStBl. 2016 I S. 1213 Rdnr. 50).

Nicht schädlich ist es, wenn die Aufwendungen für die Leistung, für die Sie eine Rechnung erhalten haben, **vom Konto eines Dritten** bezahlt worden sind (BMF-Schreiben vom 9.11.2016, BStBl. 2016 I S. 1213 Rdnr. 51). Das kann zum Beispiel das Konto der Eltern sein.

Wichtig: Für Barzahlungen, Baranzahlungen oder Barteilzahlungen gewährt das Finanzamt keine Steuerermäßigung für haushaltsnahe Dienstleistungen oder Handwerkerleistungen.

Das gilt selbst dann,

- wenn die Barzahlung vom Leistungserbringer (Aussteller der Rechnung) ordnungsgemäß verbucht worden ist und Ihnen hierüber ein Nachweis vorliegt oder
- wenn die Barzahlung durch eine später veranlasste Zahlung auf das Konto des Leistungserbringers ersetzt wird (BMF-Schreiben vom 9.11.2016, BStBl. 2016 I S. 1213 Rdnr. 50).

Der Bundesfinanzhof hat bereits mehrfach entschieden, dass diese Regelung **verfassungsrechtlich in Ordnung** geht. »Die Ungleichbehandlung unbarer und barer Zahlungsvorgänge rechtfertigt das am Gemeinwohl orientierte Ziel des Gesetzgebers, die Schwarzarbeit im Privathaushalt zu bekämpfen« (BFH-Urteil vom 20.11.2008, VI R 14/08, BStBl. 2009 II S. 307; nochmals bestätigt mit BFH-Beschluss vom 30.7.2013, VI B 31/13, BFH/NV 2013 S. 1786).

Anders bei Minijobs und anderen haushaltsnahen **Beschäftigungsverhältnissen:** Hier wird eine unbare Zahlung nicht zwingend vorausgesetzt. Es ist also nicht schädlich, wenn Sie als Arbeitgeber Ihrer Haushaltshilfe den Lohn bar auszahlen. Denn § 35a Abs. 5 Satz 3 EStG bezieht sich nicht auf haushaltsnahe Beschäftigungsverhältnisse (Bundestag-Drucksache 18/51 S. 35 sowie Bundestag-Drucksache 18/115 S. 24). Bei Beschäftigungsverhältnissen spielt es für die Steuerermäßigung also keine Rolle, wie Sie den Arbeitslohn zahlen (BMF-Schreiben vom 9.11.2016, BStBl. 2016 I S. 1213 Rdnr. 37).

8.1.5 Die Höchstbeträge gelten haushaltsbezogen

Von den Steuerermäßigungen nach § 35a EStG können Sie nicht unbegrenzt, sondern nur bis zu bestimmten jährlichen Höchstbeträgen profitieren. Diese Höchstbeträge gelten nicht personenbezogen, sondern haushaltsbezogen. Leben zwei Alleinstehende in einem Haushalt zusammen, können Sie die Höchstbeträge insgesamt jeweils nur einmal in Anspruch nehmen (§ 35a Abs. 5 Satz 4 EStG). Somit gilt: Gleich, ob verheiratet oder nicht, in eingetragener Lebenspartnerschaft lebend oder nicht – alle Partner mit gemeinsamem Haushalt können die Höchstbeträge insgesamt nur einmal beanspruchen. Das gilt aber nur, wenn das ganze Jahr über ein gemeinsamer Haushalt besteht.

Besteht **ganzjährig ein gemeinsamer Haushalt,** können **Ehepartner** bzw. eingetragene Lebenspartner die Höchstbeträge zusammen nur einmal in Anspruch nehmen. Das gilt auch, wenn Sie Ihren Haushalt in zwei Wohnungen unterhalten, für die Sie jeweils haushaltsnahe Leistungen in Anspruch nehmen (BFH-Urteil vom 29.7.2010, VI R 60/09, BStBl. 2014 II S. 151).

Ehepartner bzw. eingetragene Lebenspartner

- Bei **zusammen veranlagten Partnern** spielt es keine Rolle, wer die Aufwendungen tatsächlich getragen hat. Die Aufwendungen kommen in den jeweiligen Topf der Begünstigungsvorschrift und sind bis zum jeweiligen gemeinsamen Höchstbetrag begünstigt.
- Wählen Sie in der Steuererklärung die **Einzelveranlagung,** werden grundsätzlich die Aufwendungen dem Partner zugerechnet, der sie wirtschaftlich getragen hat. Auf übereinstimmenden Antrag hin können Sie auch die Steuerermäßigung für haushaltsnahe Hilfen und Handwerkerleistungen insgesamt je zur Hälfte aufteilen. Diesen Antrag stellen die Partner jeweils in **Zeile 11 der Anlage »Sonstiges«.** Beachten Sie aber: Nach Auffassung der Finanzverwaltung gilt dieser Antrag einheitlich auch für die Sonderausgaben und die außergewöhnlichen Belastungen.

  Die **Höchstbeträge** stehen bei Einzelveranlagung jedem Ehepartner/eingetragenen Lebenspartner grundsätzlich zur Hälfte zu. Sie können aber gemeinsam beantragen, die einzelnen Höchstbeträge jeweils in einem anderen Verhältnis aufzuteilen. In den **Zeilen 12 bis 14 der Anlage »Haushaltsnahe Aufwendungen«** trägt der Partner dann jeweils den Prozentsatz ein, mit dem der jeweilige Höchstbetrag berücksichtigt werden soll. In der Regel dürfte es hier steuerlich von Vorteil sein, die Höchstbeträge nach dem Verhältnis aufzuteilen, wie die Partner die Aufwendungen tatsächlich getragen haben.

Alleinstehende mit gemeinsamem Haushalt

Besteht **ganzjährig ein gemeinsamer Haushalt,** kann bei zwei Alleinstehenden jeder seine tatsächlichen Aufwendungen grundsätzlich nur bis zur Höhe des hälftigen Höchstbetrages geltend machen. Das gilt auch, wenn beide Arbeitgeber im Rahmen eines haushaltsnahen Beschäftigungsverhältnisses sind oder beide Auftraggeber zum Beispiel haushaltsnaher Dienstleistungen sind.

Deshalb wird in der **Steuererklärung** danach gefragt, ob Sie mit einer oder mehreren anderen alleinstehenden Person(en) ganzjährig in einem gemeinsamen Haushalt leben – und falls ja, mit wem.

Auch Alleinstehende mit gemeinsamem Haushalt können gemeinsam beantragen, dass der **Höchstbetrag** in einem anderen Verhältnis als je zur Hälfte **aufgeteilt** werden soll (BMF-Schreiben vom 9.11.2016, BStBl. 2016 I S. 1213 Rdnr. 53).

Dazu müssen beide ihren Steuererklärungen einen **gemeinsamen Antrag** beifügen und in der Zeile »Laut einzureichendem gemeinsamen Antrag sind die Höchstbeträge ...« der Anlage »Haushaltsnahe Aufwendungen« den entsprechenden Prozentsatz angeben. Dieser gilt dann aber einheitlich für alle Höchstbeträge. Wünschen Sie für die Höchstbeträge jeweils unterschiedliche Aufteilungsverhältnisse, müssen Sie dies dem Finanzamt im gemeinsamen Antrag entsprechend mitteilen.

8.2 Die begünstigten Aufwendungen

8.2.1 Sozialversicherungspflichtige Beschäftigung im Privathaushalt

Bei der Inanspruchnahme von haushaltsnahen Dienstleistungen geben Sie hauswirtschaftliche Tätigkeiten in Auftrag, die ein selbstständiger Unternehmer bzw. ein selbstständiges Unternehmen im Haushalt erbringt. In Abgrenzung dazu:

Ein **haushaltsnahes Beschäftigungsverhältnis** liegt vor, wenn Sie als Arbeitgeber jemanden einstellen, der hauswirtschaftliche Tätigkeiten im Haushalt ausübt.

Es müssen also Tätigkeiten ausgeübt werden, die einen **engen Bezug zum Haushalt** haben. Beschäftigungsverhältnisse oder Dienstleistungen, die ausschließlich Tätigkeiten zum Gegenstand haben, die außerhalb des Haushalts ausgeübt oder erbracht werden, sind nicht begünstigt. Die Begleitung von Kindern, kranken, alten oder pflegebedürftigen Personen bei Einkäufen und Arztbesuchen sowie kleine Botengänge usw. sind nur dann begünstigt, wenn sie zu den Nebenpflichten der Haushaltshilfe, des Pflegenden oder Betreuenden im Haushalt gehören (BMF-Schreiben vom 9.11.2016, BStBl. 2016 I S. 1213 Rdnr. 18).

Die Steuerermäßigung für haushaltsnahe Hilfen bis zum Höchstbetrag von 4.000,– € wird auch dann nicht zeitanteilig gekürzt, wenn das Beschäftigungsverhältnis **nur einen Teil des Jahres** bestand.

Als pfiffiger Steuerzahler könnten Sie auf die Idee kommen, ein anderes Mitglied Ihres Haushaltes als Hilfe anzustellen und dafür den Steuerabzugsbetrag zu kassieren. Das funktioniert aber nicht: Zwischen **im selben Haushalt** lebenden Eheleuten, eingetragenen/nicht eingetragenen Lebenspartnern, Lebensgefährten und Kindern wird ein solches Vertragsverhältnis in der Regel steuerrechtlich nicht anerkannt (BMF-Schreiben vom 9.11.2016, BStBl. 2016 I S. 1213 Rdnr. 9).

Einen **in einem anderen Haushalt lebenden Angehörigen** dürfen Sie grundsätzlich als haushaltsnahe Hilfe einstellen, zum Beispiel ein Kind, das in einem eigenen Haushalt lebt. Das Finanzamt erkennt ein solches Beschäftigungsverhältnis jedoch nur unter strengen Bedingungen an: Es muss ein zivilrechtlich gültiger schriftlicher Vertrag vorliegen, der auch unter Fremden üblich wäre. Und Sie müssen das Vereinbarte auch tatsächlich durchführen.

Diese Aufwendungen sind begünstigt

Zu den begünstigten Aufwendungen gehören der **Bruttoarbeitslohn sowie die von Ihnen getragenen Beiträge**

- zur Sozialversicherung,
- die (pauschale) Lohnsteuer gegebenenfalls zuzüglich Solidaritätszuschlag und Kirchensteuer,
- die Umlagen nach dem Aufwendungsausgleichsgesetz (U 1 und U 2) und die

- Unfallversicherungsbeiträge, die an den Gemeindeunfallversicherungsverband abzuführen sind (BMF-Schreiben vom 9.11.2016, BStBl. 2016 I S. 1213 Rdnr. 36).

Nicht begünstigt sein sollen dagegen Aufwendungen für die Vermittlung eines solchen Beschäftigungsverhältnisses (FG Köln vom 21.10.2015, 3 K 2253/13, EFG 2016 S. 621).

Für eine angestellte Haushaltshilfe bekommen Sie den Abzugsbetrag nur, wenn Sie die Hilfe ordnungsgemäß angemeldet haben. Dann verfügen Sie über **Meldeunterlagen, Bescheinigungen sowie das Lohnkonto**, die Sie dem Finanzamt auf Verlangen vorlegen können.

8.2.2 Minijob im Privathaushalt

Stellen Sie für haushaltsnahe Tätigkeiten in Ihrem Haushalt einen geringfügig Beschäftigten (sog. Minijobber) ein, erhalten Sie einen **Steuerbonus** in Höhe von **20 % der Aufwendungen, höchstens 510,– € jährlich** (§ 35a Abs. 1 EStG). In der Steuererklärung tragen Sie Ihre Aufwendungen in **Zeile 4 der Anlage »Haushaltsnahe Aufwendungen«** ein.

Der jährliche **Höchstbetrag** wird erreicht bei Aufwendungen für das Arbeitsverhältnis in Höhe von 2.550,– € jährlich (20 % von 2.550,– € = 510,– €). Er wird auch dann nicht zeitanteilig gekürzt, wenn das Arbeitsverhältnis nur einen Teil des Jahres besteht.

Voraussetzung für die Steuerermäßigung: Es handelt sich um eine geringfügige Beschäftigung (sog. Minijob) im Privathaushalt im Sinne des § 8a SGB IV, bei der Sie als Arbeitgeber am Haushaltsscheckverfahren teilnehmen. Auch bei diesen Minijobs akzeptiert das Finanzamt keine Arbeitsverhältnisse mit (Ehe-)Partnern und Kindern, die in Ihrem Haushalt leben (BMF-Schreiben vom 9.11.2016, BStBl. 2016 I S. 1213 Rdnr. 6 und 9).

Welche Aufwendungen begünstigt sind

Begünstigt sind Ihre Aufwendungen für die Minijob-Kraft. Dazu zählen:

- die in der Bescheinigung der Minijob-Zentrale ausgewiesenen Beträge – also der Arbeitslohn sowie die pauschalen Steuern und Abgaben;
- nicht in der Bescheinigung enthaltene Lohnbestandteile wie zum Beispiel Sachbezüge.

Um den Steuerabzugsbetrag zu bekommen, müssen Sie dem Finanzamt die **Bescheinigung der Minijob-Zentrale** vorlegen können. Gegebenenfalls brauchen Sie zusätzlich Belege über die nicht in der Bescheinigung berücksichtigten Kosten, wie zum Beispiel Ihre Aufwendungen für den Blumenstrauß (steuerfreie Sachbezüge) oder die separat zu versteuernden Sachbezüge wie Kost und Logis.

8.2.3 Versicherungsleistungen und Schadenersatz müssen Sie anrechnen

Erstattungen von dritter Seite (z.B. einer Versicherung) mindern Ihre begünstigten Aufwendungen. Im Zusammenhang mit Versicherungsschadenfällen entstehende Kosten berücksichtigt das Finanzamt somit nur, **soweit sie nicht von der Versicherung erstattet werden.** Nach Auffassung der Finanzverwaltung müssen Sie dabei nicht nur bereits erhaltene, sondern auch in späteren Jahren zu erwartende Versicherungsleistungen berücksichtigen. Das gilt auch für Versicherungsleistungen, die zur medizinischen Rehabilitation erbracht werden, wie zum Beispiel für Haushaltshilfen. In solchen Fällen ist nur die Selbstbeteiligung nach § 35a EStG begünstigt (BMF-Schreiben vom 9.11.2016, BStBl. 2016 I S. 1213 Rdnr. 41).

Ist unsicher, ob und in welcher Höhe die zu erwartende Versicherungsleistung später tatsächlich gezahlt wird, sollten Sie das Finanzamt bitten, den Steuerbescheid in diesem Punkt vorläufig zu erlassen.

Eine Steuerzahlerin aus Nordrhein-Westfalen hat geklagt, weil ihre **Aufwendungen** für die Beseitigung eines Wasserschadens **um eine erhaltene Versicherungsleistung gekürzt** wurden. Ihre Begründung: Bei der Versicherungsleistung handele es sich nicht um Geld, das ihr ohne eigene Leistung zufalle, sondern quasi nur um eine alternative Finanzierungsart für die Schadenbeseitigung. Statt eines angesparten Geldbetrages setze sie als Versicherte zur Finanzierung der Schadenbeseitigung den mit ihren Versicherungsbeiträgen erworbenen Erstattungsanspruch gegen die Versicherung ein.

Beim zuständigen **Finanzgericht** hatte sie mit dieser Begründung keinen Erfolg. Die Finanzrichter haben die Klage abgewiesen und dem Finanzamt recht gegeben: Die Inanspruchnahme der Steuerermäßigung für Handwerkerleistungen setze eine wirtschaftliche Belastung der Klägerin durch die Handwerkerkosten voraus. Daran fehle es im Streitfall, da die Versicherung die Handwerkerkosten erstattet habe. Eine wirtschaftliche Belastung der Klägerin ergebe sich auch nicht aus den gezahlten Versicherungsbeiträgen, weil durch diese nicht die Versicherungsleistung angespart werde. Der Anspruch auf Schadenregulierung bestehe unabhängig von der Gesamthöhe der eingezahlten Beiträge.

Der Bundesfinanzhof hat die Beschwerde der Steuerzahlerin gegen das Urteil abgewiesen (BFH-Beschluss vom 9.2.2017, VI B 53/16). Damit bleibt die negative Entscheidung des Finanzgerichts leider bestehen.

Index

A

B

C

D

E

F

G

H

I

K

L

M

T

U

V

W

Z